어린이 자동차 엠블럼 대백과

BMW, 벤츠, 아우디, 람보르기니, 페라리, 재규어, 볼보, 테슬라, 제네시스
세계 최고의 자동차 관찰 도감

신기한생각연구소 지음
구연산 그림

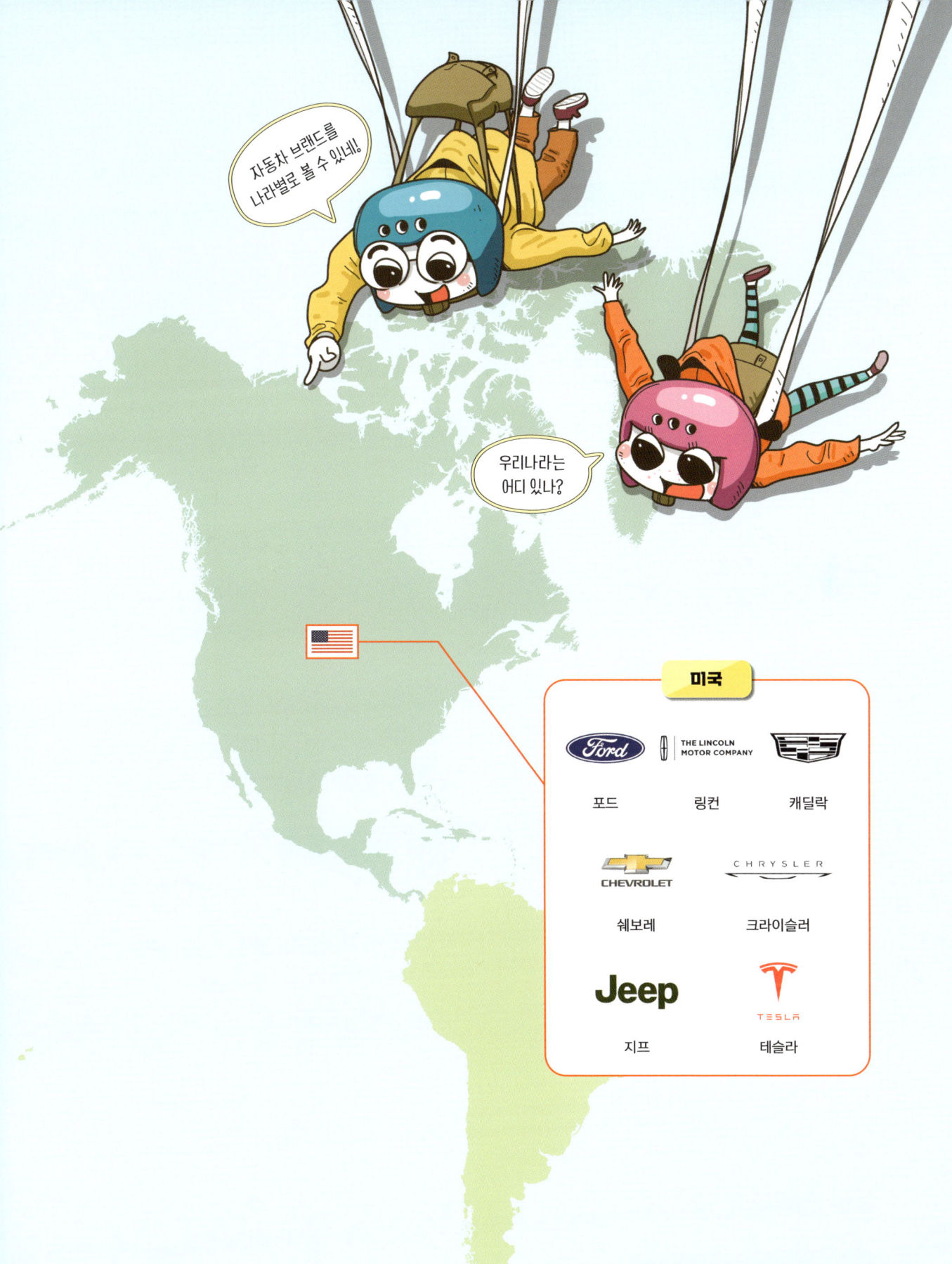

차 례

- 자동차 브랜드의 역사 7
- 세계의 자동차 브랜드 그룹 8
- 동물이 들어간 엠블럼 모아 보기 48
- 도움받은 자료 191

독일

 메르세데스 벤츠 10   포르쉐 27

 BMW 17   폭스바겐 31

 아우디 22

영국

 롤스로이스 38    랜드로버 49

 재규어 43   미니 53

대한민국

- 현대 58
- 제네시스 66
- 기아자동차 69
- KG 모빌리티(KGM) 75

프랑스

- 푸조 82
- 르노 88
- 부가티 94
- 시트로엥 99

이탈리아

- 피아트 106
- 마세라티 110
- 페라리 115
- 람보르기니 123

미국

- 포드 132
- 링컨 138
- 캐딜락 142
- 쉐보레 148
- 크라이슬러 153
- 지프 158
- 테슬라 162

스웨덴

 볼보　170

일본

 닛산　176

 토요타　182

 혼다　186

세상에! 신기한 차 이야기

▶▶ 우리나라 최초의 자동차　65

▶▶ 세계 3대 자동차 경주 대회　122

▶▶ 슈퍼카를 타는 경찰　130

과학 지식이 쏙쏙!

▶▶ 하이브리드 자동차는 무엇일까요?　80

▶▶ 자동차의 심장, 엔진의 작동 원리　98

▶▶ 스스로 운전할 수 있는 자율 주행 자동차　168

초등 교과 연계 단원

과학　4-2　2. 생물과 환경
　　　　 5-2　4. 자원과 에너지
　　　　 6-1　2. 물체의 운동
사회　3-2　1. 사회 변화와 다양한 문화
　　　　 3-2　2. 옛날과 오늘날의 생활 모습
　　　　 6-2　2. 시장경제와 국가 간 거래

일러두기

- 자동차 브랜드가 설립된 나라를 기준으로 장을 구성했습니다.
- 인물 이름은 국립국어원의 외래어 표기법에 따라 사용했습니다.
- 엠블럼 변화 과정은 브랜드 공식 사이트와 '1000 LOGOS' 사이트를 참고해 정리했습니다.

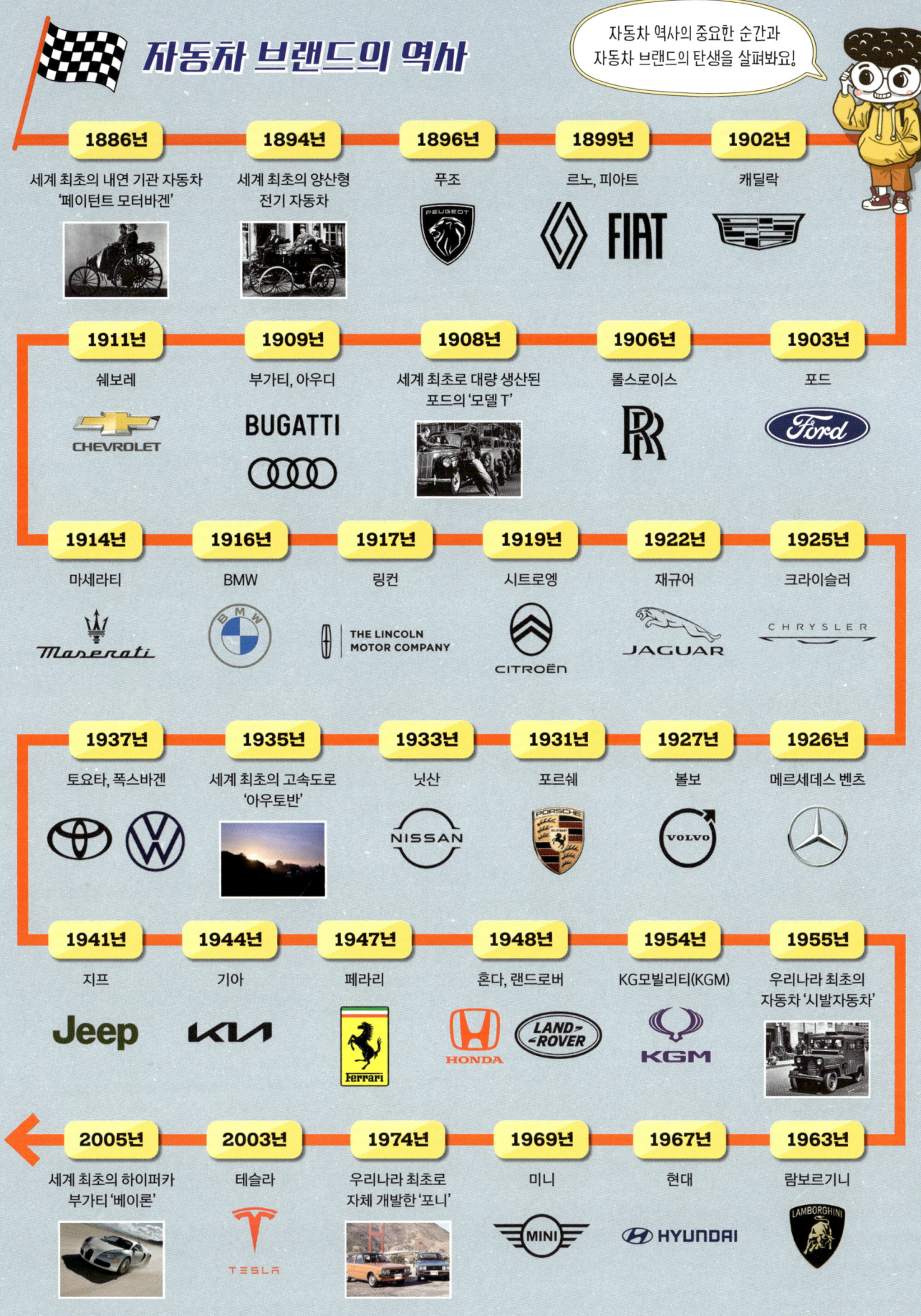

세계의 자동차 브랜드 그룹

세계 최고의 자동차 회사들이 현재 어떤 그룹에 속해 있는지 함께 알아봐요! 스텔란티스, 제너럴 모터스(GM)처럼 다국적 회사에 인수되거나 합병되기도 합니다.

※ 각 그룹의 대표적인 브랜드를 소개했습니다.

독일

자동차 하면 독일이 최강국이라고 할 수 있어요!
메르세데스 벤츠, 포르쉐, BMW, 폭스바겐, 아우디까지
독일을 대표하는 자동차 브랜드를 만나 봐요.
자동차 브랜드들의 역사를 살펴보면
독일이 어떻게 자동차 최강국이 되었는지 알 수 있을 거예요!

독일 자동차의 공통점은 뭐지?

메르세데스 벤츠
Mercedes-Benz

- **설립자**　카를 벤츠, 고틀리프 다임러
- **설립 연도**　1926년
- **슬로건**　최고가 아니면 만들지 않는다(The best or nothing)
- **대표 모델**　S600, G-클래스, E-클래스, S-클래스

우리 아빠의 드림카!

땅을 달리는 최고의 삼각 별

오랜 시간 세계 최고의 자동차라고 불리는 회사가 있습니다. 바로 '메르세데스 벤츠'입니다. 1926년 자동차 회사 'DMG'와 '벤츠'가 합쳐지면서 메르세데스 벤츠가 탄생했습니다.

고틀리프 다임러가 창립한 DMG는 삼각 별을 상징으로 두었어요. 삼각의 뿔은 각각 땅과 하늘과 바다를 의미했는데, 이는 육해공을 아울러 최고의 운송 수단을 만들겠다는 뜻입니다.

DMG의 상징이 별이라면, 벤츠의 상징은 월계관이었습니다. 월계관은 고대 그리스에서 운동 경기의 우승자 머리에 얹어 주던 관으로, 지금도 승리의 상징으로 쓰이고 있습니다.

DMG의 상징물인 삼각 별과 벤츠의 월계관을 조합해 메르세데스 벤츠의 엠블럼을 만들었습니다. 현재 엠블럼에서는 월계관이 사라졌지만, 삼각 별은 변함없이 이어지고 있습니다.

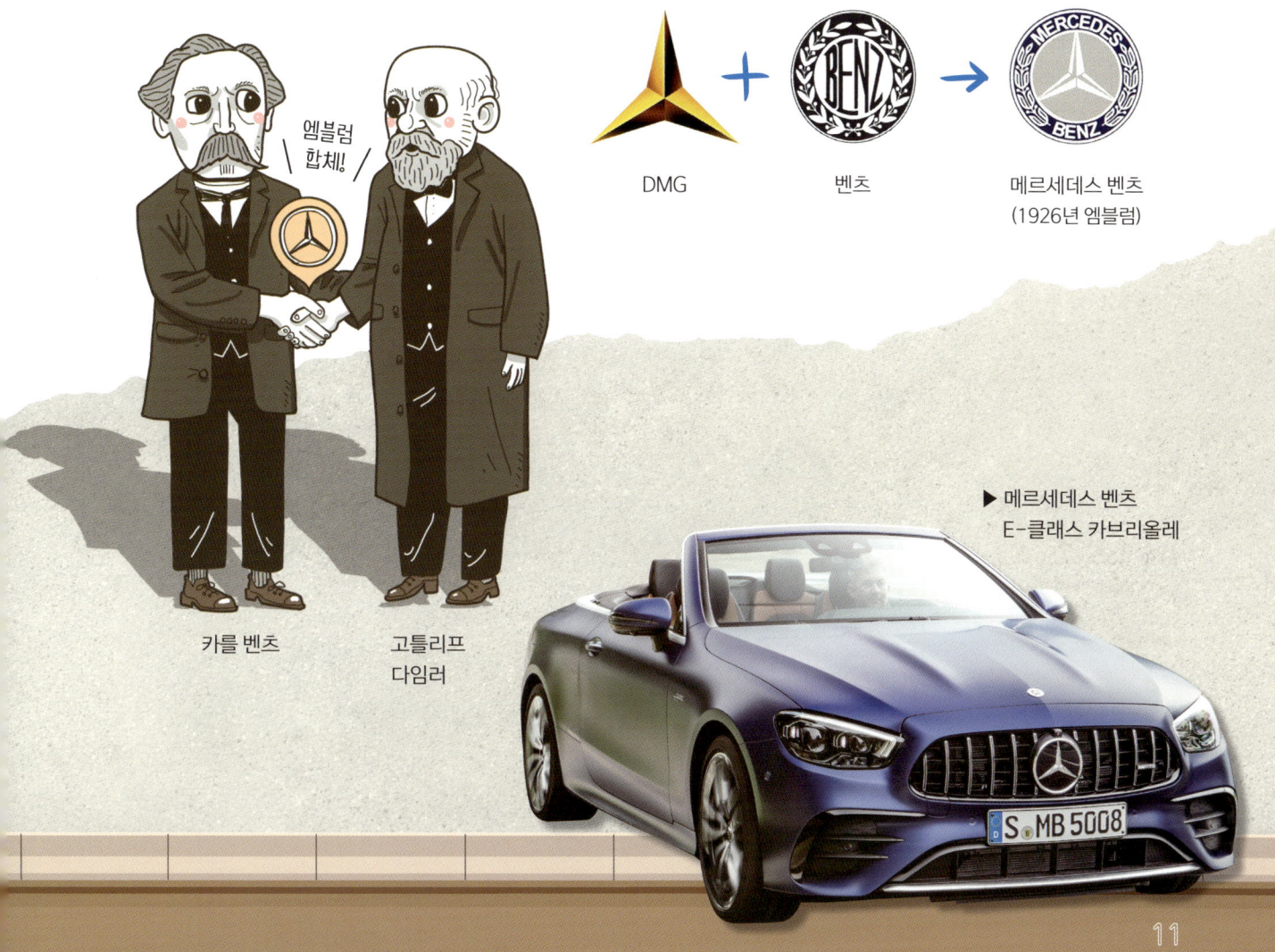

▶ 메르세데스 벤츠 E-클래스 카브리올레

1902~1909년

1909~1910년

1909~1916년

1916~1926년

1926~1933년

1933~1989년

Mercedes-Benz
1989~2008년

Mercedes-Benz
2008년

Mercedes-Benz
2009~2011년

Mercedes-Benz
2011년~현재

자동차를 세상 밖으로 꺼낸 벤츠의 아내

말이 끄는 마차가 이동 수단이던 1880년대에 카를 벤츠는 말 없이 움직이는 마차를 상상하며 연구했습니다. 1883년 최초의 자동차 공장 '벤츠&시에'를 설립하고 1886년 '페이턴트 모터바겐'의 특허를 냈어요. 페이턴트 모터바겐은 '특허받은 자동차'라는 뜻입니다. 가솔린 엔진으로 움직이는, 최초의 내연 기관 자동차였지요.

그는 특허 신청서에서 자동차를 이렇게 설명했어요. "휘발유가 발생하는 힘으로 움직이는 탈 것." 이러한 카를 벤츠의 발명은 자동차 산업의 시작을 열었습니다. 물론 세계 최초의 자동차는 증기 기관 자동차였지만, 내연 기관 자동차는 카를 벤츠의 페이턴트 모터바겐이 최초였습니다. 현대의 자동차가 대부분 내연 기관 자동차인 것을 생각해 보면 페이턴트 모터바겐이 그 기원이라 할 수 있어요.

▶ 최초의 내연 기관 자동차 페이턴트 모터바겐

카를의 자동차는 혁명적인 발명품인 것이 분명했지만, 완벽주의자였던 카를은 자신이 만든 자동차에 대해서 확신이 없었습니다. 대중들에게 선보이는 것을 부담스러워했지요. 그래서 자동차를 그대로 창고에 묵혀 두었어요. 페이턴트 모터바겐이 세상 밖으로 나올 수 있던 것은 카를 벤츠의 아내인 베르타 벤츠 덕분이었습니다.

베르타는 용감한 여성이었어요. 그녀는 남편에게 비밀로 하고, 자동차를 몰래 시험해 보기로 했습니다. 집에서 100km 넘게 떨어진 친정집까지 페이턴트 모터바겐을 직접 운전할 계획이었어요. 이 여정에는 두 아들도 함께했습니다. 만하임에서 포르츠하임을 갔다가 다시 만하임으로, 베르타는 약 190km의 장거리 운전을 무사히 해냈습니다. 카를은 이때 베르타에게서 들은 내용으로 자동차를 개선했지만 상용화하진 못했어요.

▶ 베르타 벤츠

▶ 빅토리아

이후 벤츠는 1893년 바퀴가 네 개인 모델 '빅토리아'를 세상에 선보였습니다. 이듬해 나온 벨로는 프랑스에서 큰 인기를 끌었습니다.

고틀리프 다임러 역시 내연 기관을 이동 수단에 적용할 수 있도록 연구했던 인물입니다. 카를 벤츠가 내연 기관 자동차를 만들었다면, 고틀리프는 1885년에 내연 기관을 이용한 최초의 모터사이클 '라이트바겐'을 제작했어요. 이후 1890년에 자신의 이름을 내건 회사 DMG를 차렸습니다.

제1차 세계 대전 이후 경제가 침체되자 1926년 고틀리프의 회사 DMG와 카를의 회사 벤츠는 서로 힘을 합치기로 했어요. 그렇게 '다임러 벤츠'가 탄생한 것이지요. 벤츠는 지금까지 승용차, 트럭, 특장차(소방차, 제설차 등)를 포함해 거의 모든 종류의 자동차를 만들었고, 어떤 종류의 차든지 고급차로 평가받고 있어요.

최초의 자동차에서 최고의 자동차로

합병 이후 다임러 벤츠는 고성능차를 만들었어요. 1954년, '300SL'이 처음 공개될 때 사람들은 눈을 떼지 못했습니다. '세상에서 가장 아름다운 디자인의 자동차', '불후의 명작'이라 불렸어요. 사람들은 새 날개처럼 문이 위로 열리는 자동차를 처음 봤어요. 정면에서 보면 거대한 갈매기가 날개를 펼친 모습이었어요. 이를 '걸윙 도어'라고 하는데, 300SL이 걸윙 도어의 시초였습니다.

고급차의 대명사답게 벤츠는 크고 비싼 차가 인기가 많아요. 'S600'과 'G-클래스'가 단연 대표 모델로 손꼽힙니다. S600은 벤츠의 승용차 중에서도 제일 비싸고 화려한 축에 속하는데, 가격이 무려 2억 원이 넘는다고 해요.

벤츠의 대표 SUV인 G-클래스는 'G바겐'이라고도 불려요. 1979년에 등장한 이후로 디자인이 거의 바뀌지 않았는데, 오히려 이 때문에 사람들에게 인기가 많아요.

'고급'이란 말은 그저 비싸기만 해서는 붙을 수 없는 수식어예요. 기술력과 디자인, 다른 브랜드와 차별화된 개성을 갖추고 있어야 하지요. 하지만 무엇보다 중요한 것은 최고를 향해 최선을 다하는 자세예요. "최고가 아니면 만들지 않는다!" 이런 고집이야말로 사람들이 벤츠를 사랑하는 이유가 아닐까요?

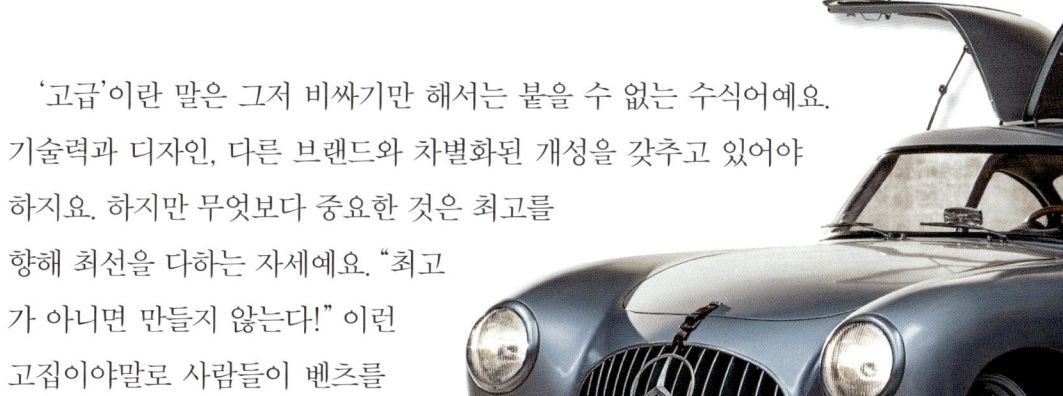

▶ 메르세데스 벤츠 300SL

▶ 메르세데스 벤츠 S600

▶ 메르세데스 벤츠 G-클래스

다임러 벤츠 그룹에서 메르세데스 벤츠 그룹으로

그럼 왜 다임러 벤츠에서 메르세데스 벤츠로 바뀌었을까요?

오스트리아에서 다임러 자동차를 팔던 에밀 옐리네크라는 사람이 있었어요. 그는 다임러에게 더 높은 마력의 자동차를 요구했어요. 이에 전설적인 엔진 기술자인 빌헬름 마이바흐가 나서서 그의 요구를 충족하는 자동차를 만들었지요. 1901년 프랑스 니스에서 열린 자동차 경주 대회에서 마이바흐의 엔진을 장착한 자동차가 우승했고, 옐리네크는 그 자동차에 '메르세데스'라는 이름을 붙였어요. 메르세데스는 그의 딸 이름이었어요. 이후 마이바흐의 엔진을 장착한 자동차는 자연스럽게 메르세데스라고 불렸어요.

1900년대 후반 메르세데스 벤츠는 다임러 벤츠 그룹의 승용차를 대표하는 이름으로 자리 잡았습니다. 사람들 사이에서 유명해지자 2022년에는 메르세데스 벤츠가 속한 '다임러 벤츠 그룹'은 '메르세데스 벤츠 그룹'으로 이름을 바꾸었어요.

▶ 에밀 옐리네크와 딸 메르세데스

BMW
Bayerische Motoren Werke AG

- 설립자   프란츠 요세프 포프, 카를 프리드리히 라프, 막스 프리츠(1917년 합류)
- 설립 연도 1916년
- 슬로건   진정한 운전의 즐거움(Sheer driving Pleasure)
- 대표 모델 3시리즈, 5시리즈

시작은 하늘에서부터

BMW의 시작은 항공기 엔진을 만드는 회사였어요. 카를 프리드리히 라프의 '라프 엔진 공업사'와 구스타프 오토의 '바이에른 항공기 공업사'가 합작한 회사가 전신이지요. 하지만 라프 엔진 공업사가 경영난을 겪게 되어 1916년 오스트리아 출신 엔지니어 프란츠 요세프 포프와 그의 동업자 막스 프리츠가 회사를 인수했습니다. 이듬해인 1917년 이름을 'BMW(Bayerische Motoren Werke, 바이에른 원동기 공업사)'로 바꾸었어요. BMW는 '비엠더블유' 또는 독일식 발음으로 '베엠베'라고 부릅니다.

BMW의 첫 엠블럼은 라프 모토렌 베어케의 엠블럼을 이어받아 둥근 모양입니다. 작은 원과 큰 원의 테두리는 금색으로 칠했

▶ 독일 바이에른주 문장(왼쪽)과 항공기 광고(오른쪽)

습니다. 작은 원 안 파란색과 흰색이 교차된 격자무늬는 BMW가 탄생한 지역인 바이에른주의 문장에서 비롯되었어요.

　엠블럼이 꼭 항공기의 프로펠러를 닮지 않았나요? 1929년, BMW는 항공기 엔진을 광고한 적이 있었어요.(17쪽 참고) 돌고 있는 항공기 전면 프로펠러는 BMW 엠블럼과 같은 모습을 띠고 있지요. 이 때문에 사람들 사이에서 'BMW의 엠블럼이 항공기 프로펠러를 나타낸 것이다.'라는 이야기가 퍼지게 되었습니다. 이후 엠블럼은 여러 변화를 거쳐 2020년 새롭게 나온 엠블럼으로 사용하고 있습니다. 테두리에서 검은색을 빼서 더 투명하고 개방적인 느낌을 살렸어요.

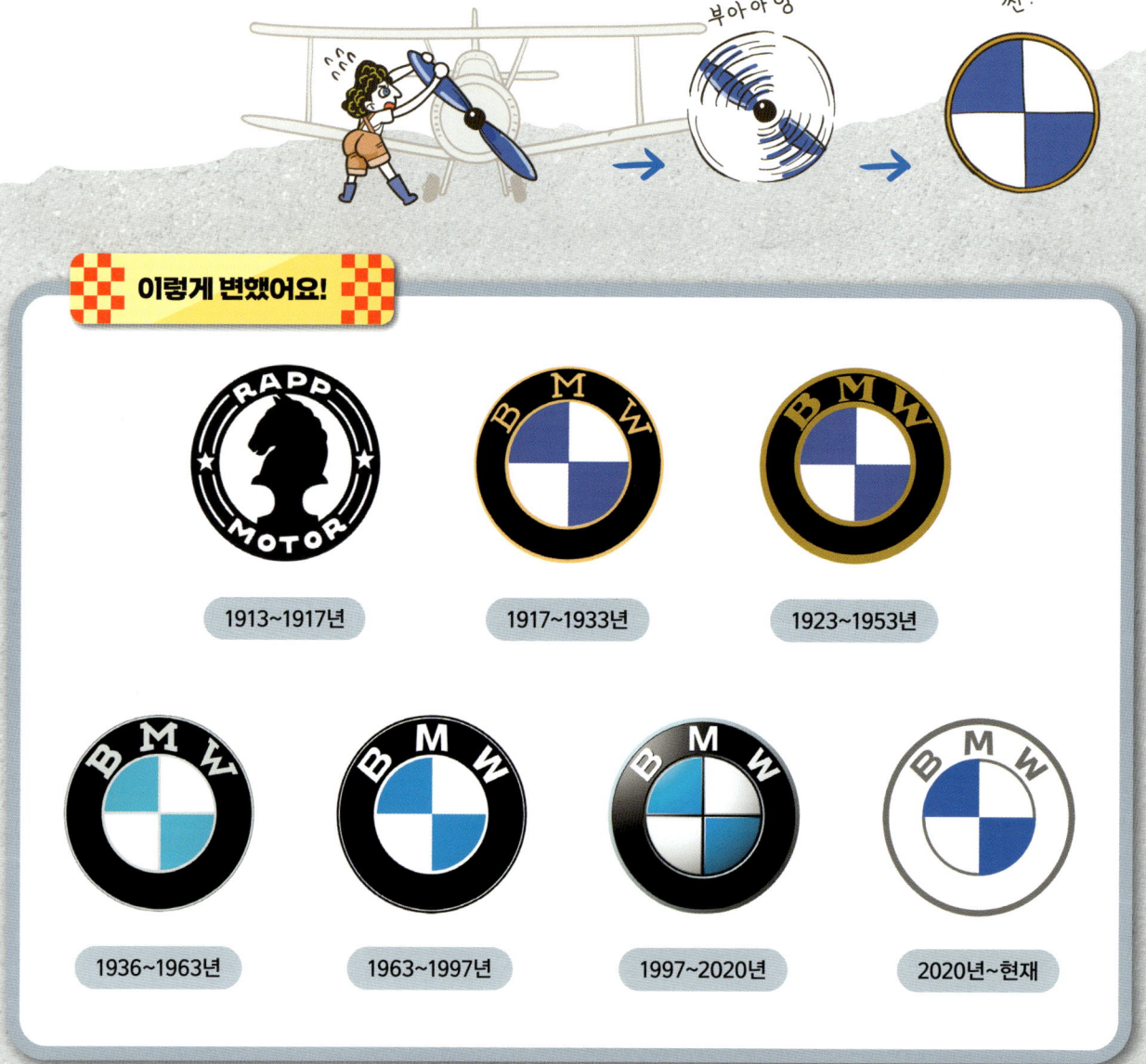

▶ BMW 딕시

▶ BMW 303

전쟁과 함께 성공과 실패를 반복했어요

BMW는 전쟁과 함께 수없이 넘어졌다가 일어났습니다. 제1차 세계 대전에서 패전한 독일은 무장 해제 등의 내용이 담긴 베르사유 조약을 맺어 더 이상 항공기 엔진을 생산할 수 없게 되었어요. 이에 BMW는 땅으로 눈을 돌렸어요. 뮌헨에 있는 비행기 공장에서 그들은 오토바이를 만들어 팔았습니다. 덕분에 회사 규모가 조금씩 커졌고, 자동차 시장까지 진출해 보기로 했어요. 1928년 BMW는 '아이제나흐'라는 자동차 제작 회사를 인수하면서, 첫 자동차인 'BMW 딕시'를 선보였어요.

1929년 전 세계의 경제가 무너지는 세계 대공황이 시작된 지 1년이 지났어요. 독일에서 정권을 잡은 히틀러는 "베르사유 조약은 무효다. 독일은 재무장하겠다."라고 선언했습니다. 이에 BMW는 항공기 엔진 생산을 재개했고 엔진 제작으로 돈을 벌어 자동차 개발에도 힘썼습니다. 1933년 최초의 BMW 고유의 디자인이 담긴 모델 'BMW 303'이 출시되었습니다. 303은 BMW의 상징이라 할 수 있는 '키드니(콩팥 모양) 그릴'의 시작점이었지요. 차 앞에 통풍구 역할을 하는 곳을 '그릴'이라고 합니다.

▶ BMW 328

1936년에는 공기 저항을 줄이는 항공기 디자인을 참고해 유선형의 'BMW 328'을 만들었어요. 328은 여러 자동차 경주에서 100여 차례 이상 우승하며 BMW의 뛰어난 기술력을 증명했어요.

승승장구하던 BMW가 휘청인 것은 제2차 세계 대전에서 독일이 패한 이후였습니다. BMW는 전쟁 중 나치를 도왔기 때문에 영국, 미국 등 연합국으로부터 3년간 영업 정지 처분을 받았어요. 1950년대에 들어서야 영업 정지가 풀려 다시 자동차를 제작할 수 있었지요. 하지만 경제 상황이 어려워지자 값이 저렴한 보급형 소형차인 'BMW 700'을 제작했어요. 1959년부터 1965년까지 총 18만 대가 팔릴 정도로 인기였답니다. 이후 3시리즈, 5시리즈, 6시리즈, 7시리즈를 성공적으로 출시했어요.

▶ BMW 3.0 CSL

1970년대에 들어서 BMW는 본격적으로 모터스포츠 진출에 나섰습니다. 'BMW 3.0 CSL'는 유럽 투어링카 챔피언십에서 수많은 우승을 거머쥔 자동차예요.

1978년 BMW는 포르쉐와 경쟁하기 위해 'BMW M1'을 개발했습니다. 스포츠카에 경험이 풍부한 람보르기니와 공동으로 개발한 모델이지요. 최고 시속 265km를 기록하며 당시 독일에서 판매되는 차 중 가장 빠른 자동차였어요.

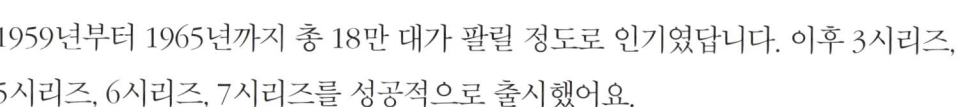
▶ BMW M1

▶ 1978년 출시된 BMW 3시리즈

　1990년대 BMW는 영국에서 경영난을 겪고 있던 여러 자동차 회사들을 인수하고 매각했어요. 현재 롤스로이스(38쪽 참고), 미니(53쪽 참고)만이 남았습니다. 덕분에 롤스로이스는 최고급 자동차 브랜드로, 미니는 소형차 프리미엄 브랜드로 입지를 굳힐 수 있었지요. 2000년대에 들어서 BMW는 시대에 발맞춰 하이브리드차, 전기차 등을 출시하며 꾸준한 인기를 끌고 있습니다.

　BMW는 독일, 미국, 우리나라에 드라이빙 센터를 지었습니다. 2014년에 개장한 인천 영종도 BMW 드라이빙 센터는 아시아에서는 첫 번째로 연 곳이에요. 운전 면허가 있는 성인이라면 다양한 차종의 테스트 드라이브를 해 볼 수 있어요. 초등학생 친구들을 대상으로 미니카를 운전해 보는 '키즈 드라이빙 스쿨', 자동차 속 기초 과학 원리를 배울 수 있는 '주니어 캠퍼스 실험실', 나만의 친환경 자동차를 만들 수 있는 '주니어 캠퍼스 워크숍'도 운영하고 있답니다.

▶ BMW 5시리즈

아우디
AUDI

- **설립자** 아우구스트 호르히
- **설립 연도** 1909년
- **슬로건** 기술을 통한 진보(Vorsprung durch Technik)
- **대표 모델** 콰트로, A4, R8

자동차 회사의 이름은 설립자 또는 위인의 이름에서 가져온 경우가 많아요. 아우디도 그중에 하나로, 설립자 아우구스트 호르히의 이름에서 비롯되었습니다. 아우구스트 호르히의 이름만 보고서는 어떻게 이름이 '아우디'가 되었는지 잘 모르겠지요? 아우디가 어떻게 탄생하게 되었는지 알아봐요.

호르히라는 자동차 회사로 시작했어요

▶ 아우구스트 호르히

대장장이의 아들로 태어난 아우구스트는 공대에 진학해 기계 공학을 배웠어요. 3년 만에 엔지니어 졸업증을 취득할 정도로 재능이 뛰어났지요. 그는 벤츠에 입사해 재능을 펼쳤습니다. 하지만 경주용 차량 개발에 힘써 주길 원했던 벤츠의 뜻과 달리, 아우구스트는 대중들이 탈 수 있는 양산차를 개발하는 데에 몰두했어요. 결국 아우구스트는 벤츠에서 나오게 되었지요.

아우구스트는 원하는 자동차를 개발하기 위해 1899년에 '호르히'라는 자동차 회사를 설립합니다. 초기에 내놓은 자동차가 대중의 관심을 받지 못한 와중에 아우구스트는 뒤늦게 자동차 경주의 매력에 눈을 뜨게 됩니다. 차량을 개조해 직접 경주에 참가하기도 했어요. 아우구스트는 더 나은 자동차를 만들기 위한 기술을 개발하는 데에 거침없었어요. 기술 개발에 많은 자금을 쏟았고, 회사를 두 번씩이나 부도의 위기에 빠뜨렸지요. 결국 경영진과 투자자들은 아우구스트를 호르히에서 내쫓았어요.

아우디의 등장

HORCH → HÖREN → AUDI

호르히에서 쫓겨난 아우구스트는 새로운 자동차 회사를 차리고자 했지만, 이미 자신의 이름을 내건 호르히가 있는 탓에 마땅한 이름을 정하지 못했어요. 고민하던 가운데 사업 파트너 프란츠 피켄처의 아들이 '아우디'를 제안했어요. 호르히라는 발음이 독일어로 '듣다'와 비슷하니, 이를 라틴어로 바꿔 '아우디'라고 한 것이죠. 이렇게 1909년이 되어서야 그의 이름을 딴 두 번째 회사 '아우디'가 설립되었습니다.

당시 제1차 세계 대전에서 패한 독일은 경제적으로 불안정한 시기를 보냈어요. 독일의 자동차 회사들은 살아남기 위해 힘을 합치고자 했지요. 이에 '데카베', '호르히', '반더러' 그리고 '아우디'가 연합해 '아우토 우니온'이 탄생하게 됩니다. 아우토 우니온을 상징하는 네 개의 링 엠블럼은 아우디, 데카베, 호르히, 반더러, 이 네 회사를 의미하고 있어요. 첫 번째 링이 아우디, 두 번째가 데카베, 세 번째가 호르히, 네 번째가 반더러를 상징하지요. 현재는 안에 그려진 각 회사의 엠블럼을 없애고, 네 개의 링만을 남겨 두고 있습니다.

 제2차 세계 대전이 터지자, 이들은 자동차 대신 군대에 필요한 물품을 생산했습니다. 전쟁이 끝나고는 동독에 위치한 공장이 소련군에게 점령되어 자동차를 생산할 수 없었어요. 이후 아우토 우니온은 다임러 벤츠를 거쳐 폭스바겐 산하로 들어갔습니다. 1968년 아우토 우니온은 첫 아우디 시리즈 '아우디 100'을 출시했어요. 중대형 세단의 100은 뛰어난 기술력으로 사람들의 마음을 사로잡았습니다. 다음 해인 1969년 폭스바겐은 NSU 원동기 공업사와 아우토 우니온을 합병했어요. 그 회사가 지금의 아우디입니다.

▶ 아우토 우니온의 엠블럼

▶ 아우디 100

기술을 통한 진보

1972년에는 페르디난트 피에히란 사람이 아우디의 최고 책임자가 되었어요. 그는 포르쉐(27쪽 참고)를 만든 페르디난트 포르쉐 박사의 외손자였어요. 피는 못 속인다더니, 그는 획기적인 기술력으로 아우디의 수준을 한층 더 끌어올렸어요. 자동차 뒷바퀴를 굴려 앞으로 나아가는 후륜구동이 대세였던 1980년에 아우디는 사륜구동의 '콰트로'를 세상에 공개했습니다. 사륜구동은 네 바퀴가 모두 움직이기 때문에, 더 강력한 힘으로 빙판길이나 가파른 오르막 등을 원활하게 주행할 수 있어요.

1986년 아우디는 100CS 콰트로의 거침없는 힘을 보여 주기 위해 높은 스키 점프대를 올라가는 광고를 만들었어요. 화면 속 놀라운 저력을 보여 준 콰트로는 많은 사람에게 깊은 인상을 남겼습니다.

아우디는 누구도 도전하지 않거나, 해낼 수 없을 거라 믿는 것에 도전하는 정신을 이어가면서, 여전히 세계를 놀라게 만들고 있어요.

▶ 아우디 콰트로

▶ 스키 점프대를 오르는 콰트로

 **이렇게 변했어요!**

1909년

1909년

1909~1932년

1932~1949년

1949~1969년

1969년

1969~1995년

1969~1995년

1978~1995년

1995~2009년

2009~2016년

2016년~현재

포르쉐
Porsche

- **설립자**   페르디난트 포르쉐
- **설립 연도**   1931년
- **슬로건**   포르쉐 외에 대안은 없다(there is no substitute)
- **대표 모델**   911, 718 박스터, 파나메라, 타이칸

탄생한 지역의 상징을 담은 엠블럼

포르쉐의 엠블럼은 1952년 탄생했습니다. 당시 미국에서 포르쉐 수입을 맡은 막스 호프만은 설립자 페르디난트 포르쉐에게 미국의 자동차처럼 포르쉐도 엠블럼이 필요하다고 제안했어요. 이를 들은 페르디난트는 식당 냅킨에다가 머릿속에 떠오르는 그림을 쓱쓱 그려 나갔어요. 이때 그린 엠블럼 스케치가 포르쉐 엠블럼의 시초가 되었어요.

포르쉐 엠블럼은 방패 형태이며, 가운데에는 앞발을 치켜든 말의 모양이 새겨져 있습니다. 주변은 줄무늬와 사슴뿔로 채웠지요. 제일 위에는 포르쉐 이름이 들어가 있습니다. 포르쉐의 엠블럼은 포르쉐 회사가 위치한 독일 슈투트가르트의 문장과 슈투트가르트가 속한 뷔르템베르크 왕국(현재 바덴 뷔르템베르크주)의 문장에서 가져온 요소들이 많아요. 검은 말은 왕가의 말을 기르는 곳으로 유명한 슈투트가르트의 상징이며, 방패 역시 이곳 문장에서 비롯되었어요. 뷔르템베르크 국기와 문장에서 검은색과 붉은색이 교차하는 줄무늬와 사슴뿔 모양을 가져왔지요.

▶ 슈투트가르트 문장

이렇게 탄생한 엠블럼은 '포르쉐 크레스트'라 불리며, 큰 변화 없이 오늘날까지 이어지고 있습니다.

▶ 뷔르템베르크 문장

페르디난트가 만든 폭스바겐 비틀

페르디난트 포르쉐는 공학에 뛰어난 재능으로 오스트로 다임러에서 일했지만 신차 개발에 대한 의견이 달라 회사를 떠났습니다. 이후 페르디난트는 독일 슈투트가르트에 '포르쉐 AG'라는 자동차 설계 사무실을 열었고, 이것이 포르쉐 역사의 시작이었어요.

얼마 지나지 않아, 페르디난트는 한 인물로부터 독일의 대중차 설계를 의뢰받게 됩니다. 그 사람은 바로 나치의 아돌프 히틀러였어요. 페르디난트는 그 의뢰를 받아들여 '폭스바겐 비틀'을 만들었어요. 알고 보니 폭스바겐 비틀은 체코의 자동차 회사 타트라의 'T97' 모델을 따라 만든 차였어요. 1965년이 되어서야 타트라는 폭스바겐으로부터 100만 마르크를 배상받았답니다. 페르디난트는 제2차 세계 대전 동안 독일군을 위한 군용차와 탱크도 만들었어요. 전쟁에서 나치를 도왔기 때문에 전쟁 후에는 체포되어 20개월 동안 옥살이를 했어요.

포르쉐 최초의 스포츠카

▶ 포르쉐 페르디난트

페르디난트는 감옥에서 나온 후 포르쉐 최초의 스포츠카를 선보였습니다. 포르쉐는 서킷(자동차 경주용 도로) 위에서만 빛나는 스포츠카보다는 일상에서도 운전할 수 있는 스포츠카를 주로 선보였어요.

'포르쉐 356'은 폭스바겐 비틀을 토대로 만들었어요. 헤드라이트가 툭 튀어나온 생김새가 개구리를 닮아 '점프하는 개구리'라는 별명이 붙었지요. 덕분에 포르쉐에서 나오는 자동차를 '개구리'라고 부르는 사람이 많아요. 돌출된 헤드라이트는 포르쉐의 상징이에요. 또한 356은 일반 도로 주행을 승인받은 포르쉐 최초의 스포츠카였어요. 스포츠카지만 편한 승차감 덕분에 일상에서 운전하기도 좋았어요. 1948년부터 1963년까지 약 7만 대를 생산했어요.

'포르쉐 911'은 356의 후속작입니다. 911은 프로토타입(판매 전 시험용으로 만드는 자동차)에서 901이란 이름이 붙여졌지만, 프랑스 자동차 회사 푸조가 차 모델명 가운데에 '0'을 넣는 방식이 푸조만의 작명법이라며 변경하길 요구했어요. 결국 901은 911이 되었지요. 포르쉐 하면 911이 제일 먼저 떠오를 정도로, 포르쉐의 얼굴과도 같은 자동차예요.

▶ 포르쉐 356

▶ 포르쉐 901(911)

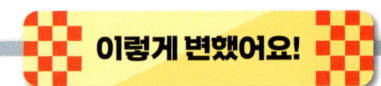

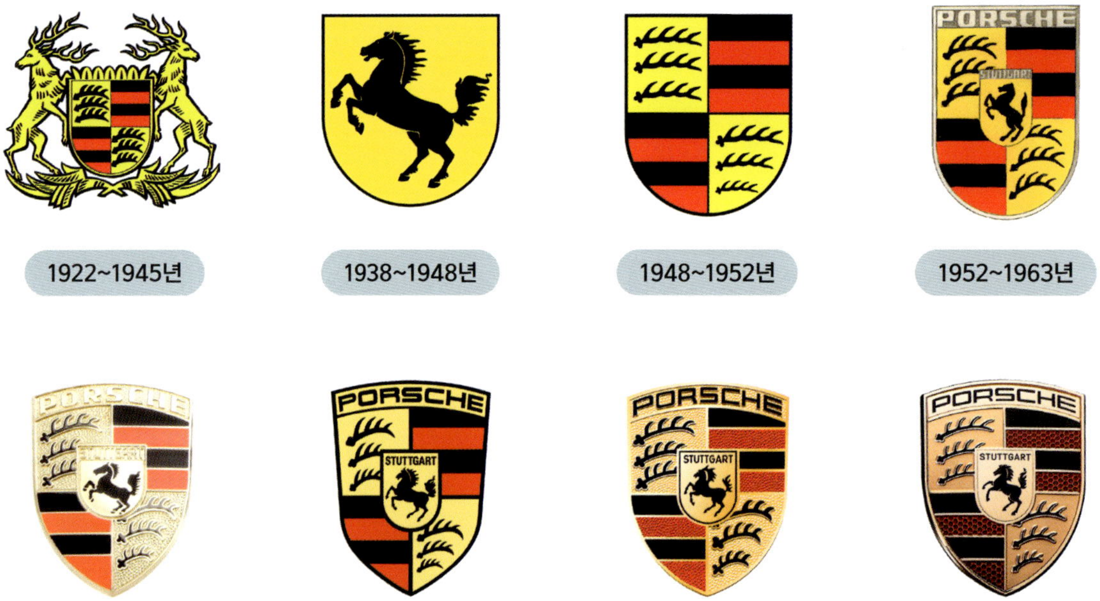

1922~1945년	1938~1948년	1948~1952년	1952~1963년

1963~1994년	1994~2014년	2014~2023년	2023년~현재

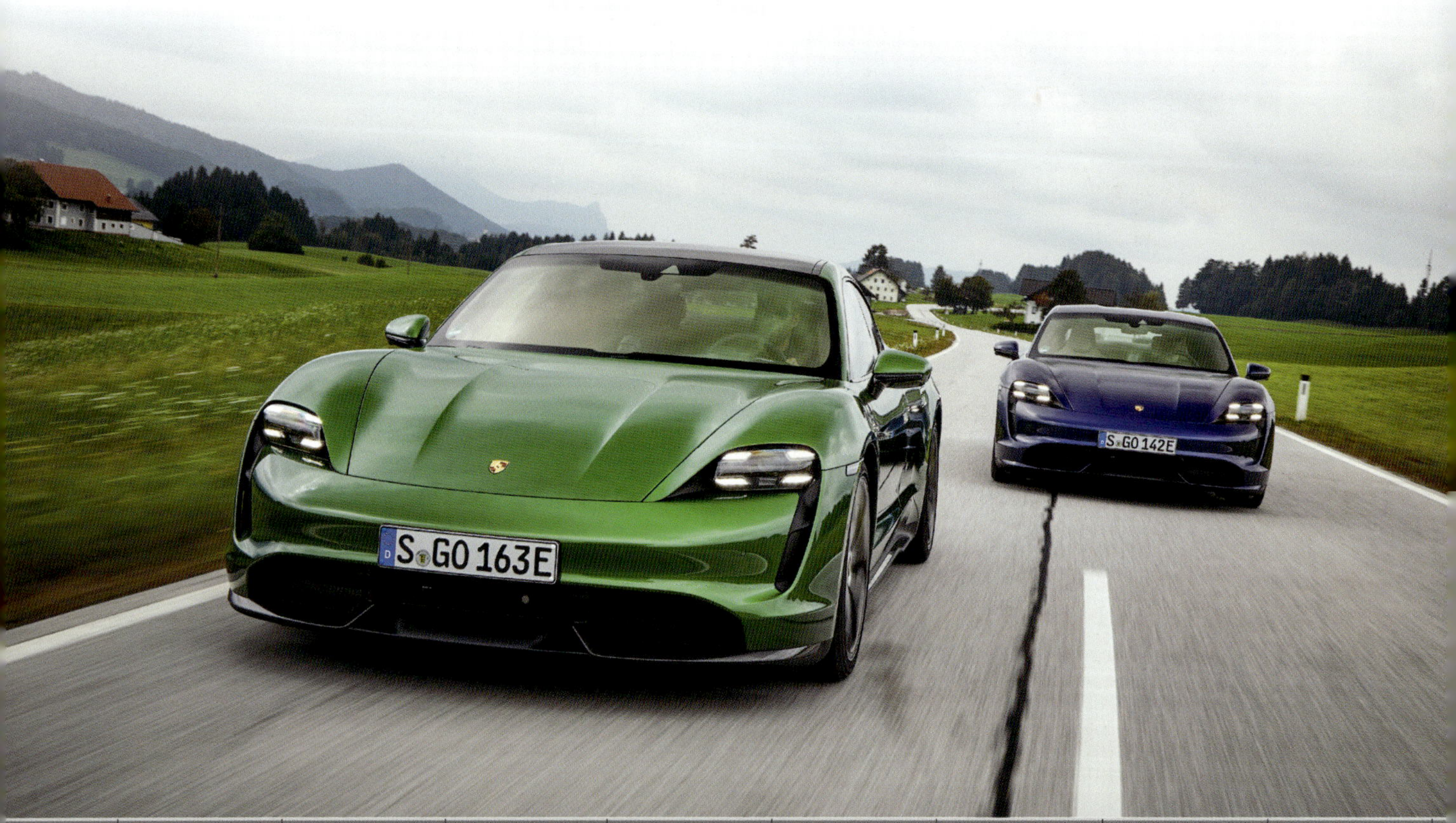

폭스바겐
Volkswagen

- **설립자**   아돌프 히틀러, 페르디난트 포르쉐, 독일노동전선(단체)
- **설립 연도**   1937년
- **슬로건**   이것이 진짜 자동차(Das Auto(The Car)) ※2015년부터 슬로건을 사용하지 않아요.
- **대표 모델**   폭스바겐 비틀, 폭스바겐 골프

31

히틀러가 만든 자동차

제2차 세계 대전이 일어나기 전부터 독일은 경제가 어려웠어요. 실업자들이 넘쳐나고, 일자리는 턱없이 부족했죠. 그때 히틀러가 이끌던 나치당에서는 공공 일자리를 위한 토목 사업으로 1935년 세계 최초의 고속도로 '아우토반'을 만들었어요. 이 사업은 '카데프-바겐(KdF-Wagen) 프로젝트' 중 하나였어요. 카데프-바겐은 '즐거움을 통한 힘'이라는 뜻으로, 축제나 여행 문화 등을 장려했지요. 동시에 나치당은 대중차의 시대를 만들겠다고 선언했어요. 그러면서 대중차 개발 프로젝트에 몇 가지 조건을 달았습니다.

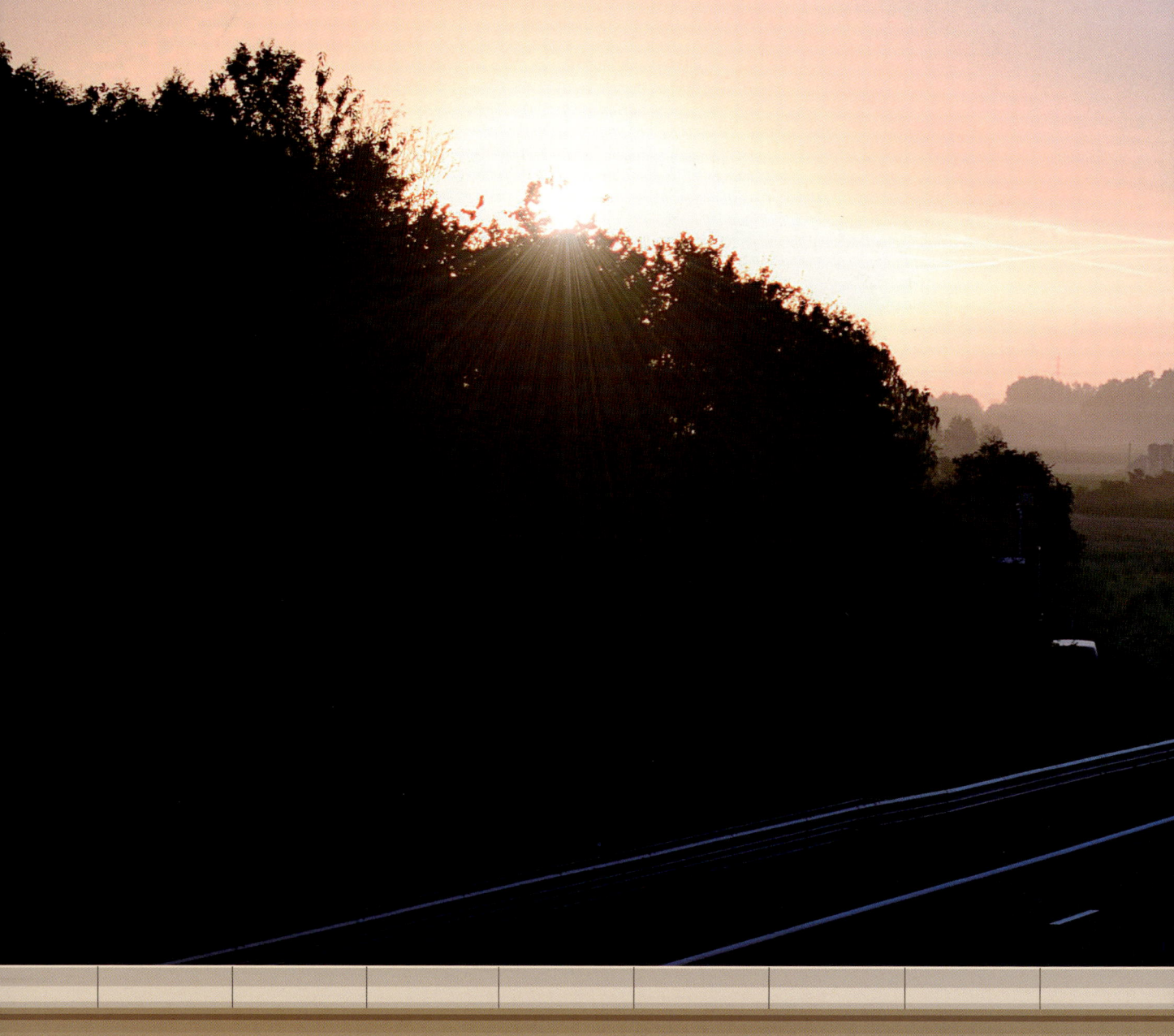

첫째, 성인 두 명과 어린이 세 명이 탑승할 수 있어야 한다.
둘째, 시속 100km 이상의 속력으로 아우토반을 달릴 수 있어야 한다.
셋째, 가격은 1,000라이히스마르크를 넘지 않아야 한다.

여기서 가장 어려운 문제는 가격이었어요. 1,000라이히스마르크는 겨우 오토바이 한 대를 만들 수 있는 금액이었거든요. 오토바이를 만드는 비용으로 자동차를, 그것도 조건에 맞춰 제작하기란 매우 어려웠어요. 그러나 이 프로젝트를 맡겠다고 나서는 이가 있었어요. 바로 포르쉐의 설립자 페르디난트 포르쉐였습니다.

국민들의 꿈은 이루어지지 못했어요

페르디난트는 둥글둥글한 외관을 가진 자동차를 개발했습니다. 딱정벌레를 닮아 '비틀'이라고 불렸지요. '카데프-바겐 프로젝트'로 개발한 차이지만 '카데프-바겐'이라는 이름보다는 '폭스바겐'이 좋다는 페르디난트의 의견을 따라 이름이 바뀌었어요.

▶ 폭스바겐 비틀 프로토타입 30(1937)

히틀러는 폭스바겐 출시 기념우표를 만들었어요. 우표를 198개, 즉 900라이히스마르크어치를 구입하면 폭스바겐을 주겠다고 홍보했지요. 국민들은 자동차를 갖게 될 거란 희망을 가지고 우표를 사 모았습니다. 히틀러 정권은 우표를 판매하면서 엄청난 돈을 모았어요. 이후 제2차 세계 대전이 발발했습니다. 폭스바겐 공장에서는 대중차가 아닌 각종 무기와 장비를 단 군용 차량인 '퀴벨바겐'과 '슈빔바겐'이 생산되었어요. 폭스바겐은 '국민 자동차'라는 뜻이었지만 안타깝게도 국민들에게 돌아간 폭스바겐은 0대였어요. 독일이 연합국에 패한 후 폭스바겐은 연합국이 관리하게 되었습니다.

▶ 슈빔바겐

▶ 폭스바겐 비틀

▶ 폭스바겐 뉴 비틀(2005)

▶ 폭스바겐 골프(2017)

세계인의 발, 비틀

연합국의 관리를 받게 된 폭스바겐은 페르디난트의 딸, 루이제 피에히와 사위 안톤 피에히가 맡아 운영했습니다. 1945년부터 비틀은 본격적으로 생산되었어요. 2003년 생산이 중단될 때까지 약 2,100만 대를 판매했습니다. 비틀을 모르는 나라가 없을 정도였지요. 1970년대에 잠시 생산을 중단했다가 1997년부터 2세대 비틀인 '뉴 비틀'이 나왔어요. 기존 비틀의 매력을 간직하면서 새로운 외관과 내부를 보여 주었어요. 뉴 비틀에 이어 더 비틀까지 이어온 비틀은 결국 2019년에 생산을 중단했어요. 전 세계 사람들의 발이 되었던 자동차는 박수를 받으며 작별을 고했습니다.

　1974년에 나온 폭스바겐의 '골프'는 그 무엇보다 실용성을 살린 자동차예요. 작지만 강력한 성능을 지녔고, 내부 공간까지 넉넉했어요. 골프는 연령과 계층을 넘어 많은 사랑을 받았습니다. 2019년에는 세계에서 가장 많이 팔린 자동차 TOP 3에 들기도 했답니다.

▶ 폭스바겐 골프(1974)

폭스바겐의 엠블럼은 직원들을 대상으로 한 공모전에서 탄생했습니다. 알파벳 W 위에 V를 조합한 모양이지요. 'V'와 'W'는 'Volks Wagen'의 앞 글자에서 가져온 것으로 폭스바겐을 상징하지요. 엠블럼은 큰 변화 없이 바뀌어 왔어요.

영국

신사의 나라 영국에는 어떤 자동차 브랜드가 있을까요?
장인이 한땀 한땀 차를 손수 만드는 롤스로이스,
우아한 디자인으로 시선을 사로잡는 재규어,
군용차에서 SUV의 대명사가 된 랜드로버,
자동차계의 작은 거인 미니가 있어요. 브랜드마다 각자의 개성이 참 뚜렷해요.
여러분의 마음에 드는 차는 무엇인가요? 같이 찾아봐요!

영국 차가 최고랍니다~!

롤스로이스
Rolls-Royce

- **설립자** 찰스 롤스, 헨리 로이스
- **설립 연도** 1906년
- **슬로건** 위대함을 향한 영감을 주다(Inspiring Greatness)
- **대표 모델** 실버 고스트, 팬텀

장인의 손길로 탄생하는 롤스로이스

롤스로이스의 자동차는 섬세한 장인들의 손길로 한 대 한 대 차가 만들어져요. 고객이 직접 색깔과 소재를 선택하는 맞춤형 롤스로이스를 제작하지요. 이런 이유로 롤스로이스는 해마다 6,000여 대의 자동차만 생산하고 있습니다. 그럼 이런 귀한 차를 누가 사는 것일까요?

　옛날의 롤스로이스는 그저 돈이 많다고 가질 수 있는 자동차가 아니었어요. 사회적 지위까지 고려하는 엄격한 기준이 있었고, 그 기준에 미치지 못하면 과감하게 자동차를 판매하지 않았어요. 명성 있는 사람들이 롤스로이스를 타고 다녔기에, 롤스로이스는 품격이 높은 최고급 브랜드로 알려졌어요. 물론 지금은 그런 기준이 사라졌지만 롤스로이스의 자동차와 서비스는 최고라고 평가받고 있지요.

롤스와 로이스의 만남

헨리 로이스는 영국 맨체스터에서 전구용 필라멘트를 제작하는 회사를 운영했어요. 자동차에도 관심이 많아 자기 손으로 완벽한 자동차를 만들고 싶어 했지요. 헨리는 1904년에 그의 첫 차를 제작했습니다. '로이스 10'이라는 프로토타입 차량이었어요.

어느 날 헨리는 유명한 레이서이자 자동차 판매업자 찰스 롤스를 만났어요. 찰스는 로이스 10을 운전해 보고는 단번에 헨리의 자동차가 아주 훌륭하다는 것을 알아봤어요. 헨리의 자동차가 무척이나 마음에 들었던 찰스는 훗날 각자의 성을 합쳐 롤스로이스 자동차 회사를 차렸습니다. 따라서 롤스로이스의 엠블럼은 이 두 설립자의 성인 롤스와 로이스에서 따온 알파벳 'R' 두 개가 서로 교차한 모습을 하고 있습니다. 초기 엠블럼에는 다양하고 화려한 장식들이 있었지만, 현재는 글자만으로 깔끔한 느낌을 주고 있어요.

롤스로이스에서 가장 큰 소리는 시계 소리

1900년대 초반 자동차는 우리가 아는 자동차보다 마차에 가까운 모습이었어요. 거칠고 시끄러웠으며 고장이 잦았지요. 하지만 1906년에 선보인 '실버 고스트 40/50HP'는 다른 자동차와 비교도 할 수 없을 만큼, 부드러운 운전이 가능했습니다. 동시에 고요했어요. 게다가 성능도 좋았습니다. 다음 해, 40/50HP는 영국 왕립 자동차 클럽에서 주관한 내구 경주 대회(내구성을 시험하는 대회)에 참가해, 2만 4,000km를 거의 멈추지 않고 완주했어요.

▶ 롤스로이스 실버 고스트 40/50HP

40/50HP는 유령처럼 소리 없이 달린다는 의미로 '실버 고스트'라는 이름이 붙었습니다. 실버 고스트는 "시속 60마일로 달리는 신형 롤스로이스 안에서 들리는 가장 큰 소리는 전자시계 소리입니다."라는 광고 카피로도 유명합니다. 여전히 세계 최고의 자동차 중 하나로 손꼽혀요. 이후 롤스로이스는 '팬텀 시리즈'와 '실버 던', '실버 클라우드' 등 실버 고스트의 명맥을 이은 최고급 자동차들을 선보였어요. 롤스로이스는 경영난으로 1998년에 BMW에 인수되었어요. 2003년, 팬텀을 선보이며 롤스로이스는 다시 한번 새로운 역사를 써 내려가고 있습니다.

▶ 롤스로이스 팬텀

▶ 롤스로이스 실버 고스트

환희의 여신상에 얽힌 사랑 이야기

롤스로이스에는 엠블럼 말고도 대표 상징물이 있습니다. 그리스 파르테논 신전을 본뜬 라디에이터 그릴과 '환희의 여신상'으로 알려진 보닛(엔진을 덮는 덮개)의 조각 장식품이지요. 이 중에서 환희의 여신상에는 애틋한 사랑 이야기가 얽혀 있어요.

옛날 영국에 몬테규 남작이 있었어요. 그에게는 사랑하는 여인이 있었는데, 신분의 벽을 넘지 못하고 이별했지요. 몬테규 남작은 그녀를 잊지 못하고 찰스 로빈슨이라고 하는 조각가에게 그녀의 모습을 조각상으로 만들어 달라고 했어요. 그는 이 조각상을 롤스로이스 자동차 위에 붙이고 다녔습니다. 이를 본 다른 고객들도 롤스로이스에게 조각상을 붙여 달라고 요청했지요. 결국 롤스로이스는 찰스 로빈슨에게 새로운 조각상을 부탁하고, 찰스 로빈슨은 승리의 여신 니케의 조각상에서 영감을 받아 환희의 여신상을 완성했답니다.

▶ 환희의 여신상

▶ 롤스로이스의 라디에이터 그릴

재규어
Jaguar

- **설립자** 윌리엄 라이언스, 윌리엄 웜슬리
- **설립 연도** 1922년
- **슬로건** 성능의 예술(The Art of Performance)
- **대표 모델** E-타입, XK120, XJ220, XJS, F-타입

정글의 우아한 포식자인 재규어의 이름을 달고 있는 자동차는 그 이름값을 합니다. 우아한 디자인과 뛰어난 성능으로 우리의 마음을 빼앗아 버리지요. 먹잇감을 향해 날아오른 재규어의 모습을 담은 엠블럼은 자동차를 더욱 매력적으로 만들어 줍니다.

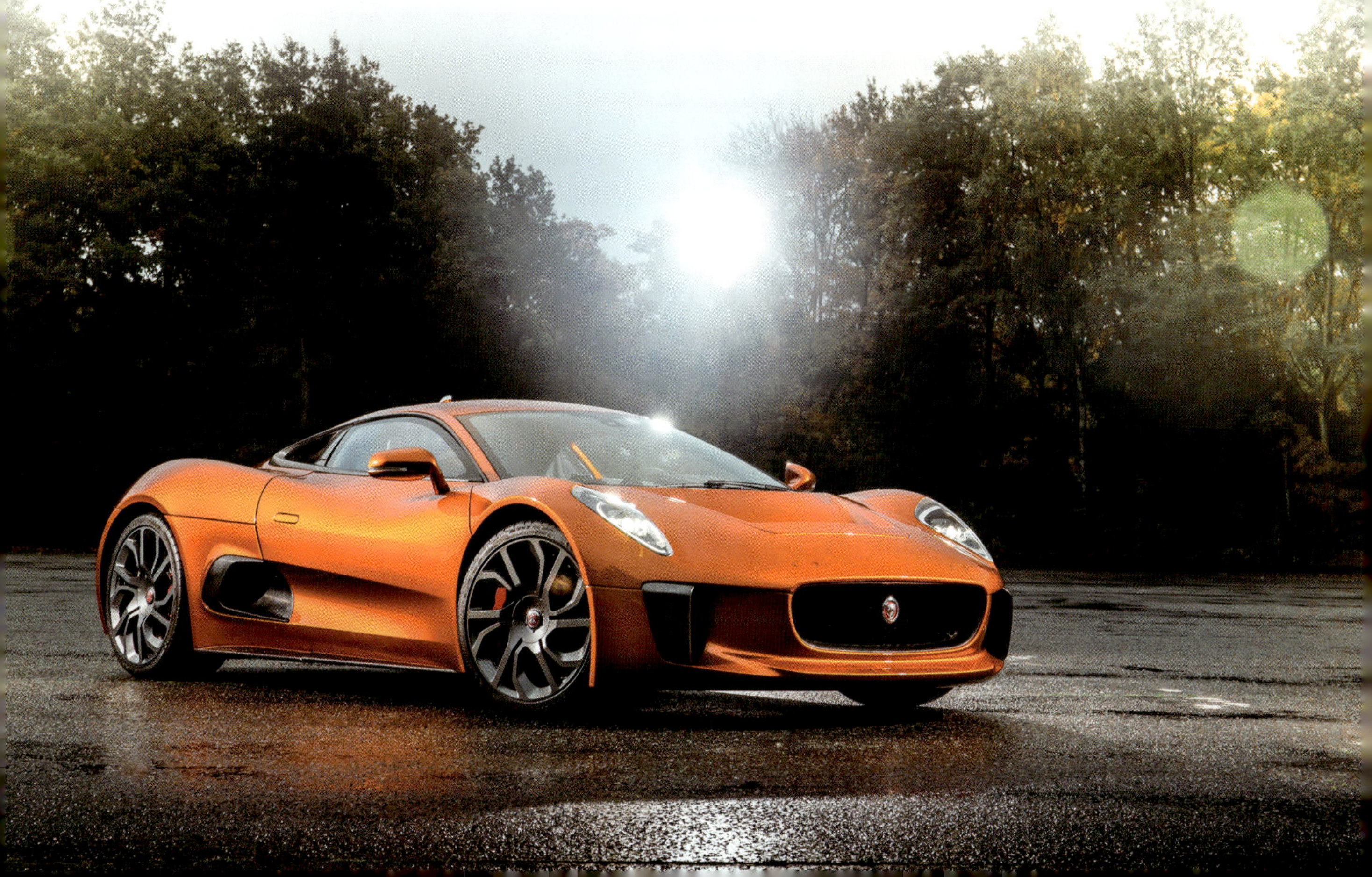

이렇게 변했어요!

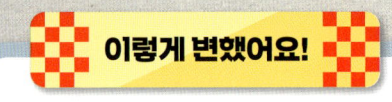
1922~1935년

1935~1945년

1945~1951년

JAGUAR
1951~1957년

1957~1982년

1982~2001년

2001~2012년

2012~2021년

2021년~현재

두 윌리엄이 만든 자동차

윌리엄 라이언스는 모터사이클 마니아이자 자동차 판매원이었어요. 기계학을 공부해 자동차에 해박한 지식을 갖고 있었지요. 어느 날, 그는 자신의 할리 데이비슨 모터사이클 옆에 사이드카(자동차 옆에 사람이 탈 수 있는 작은 수레)를 달고 싶었어요. 그렇게 찾아간 모터사이클 사이드카 제작 회사에서 윌리엄 웜슬리를 만났습니다.

▶ 윌리엄 라이언스

▶ 웜슬리(왼쪽)와 라이언스(오른쪽)

    마음이 잘 통했던 라이언스와 웜슬리는 금세 친구가 되었고, 1922년에 함께 '스왈로우 사이드카(SS)'라는 회사를 세웠습니다. 스왈로우 사이드카는 가벼운 알루미늄을 이용한 사이드카를 선보이며 큰 인기를 끌었습니다. 몇 해가 지난 뒤에는 자동차를 수리하고 차체를 제작하는 등 다양하게 활동했습니다.

▶ 재규어 SS1

자동차를 만들기 시작했어요

윌리엄 라이언스는 자기가 가지고 있던 '오스틴 세븐(Austin 7)'이라는 소형차에 직접 제작한 차체를 얹어 새로운 자동차를 만들어 냈어요. 이를 계기로 스왈로우 사이드카는 자동차를 만들기 시작했습니다.

대표 모델이 'SS1'입니다. 외관은 고급차 벤틀리와 비슷했고, 가격은 벤틀리의 3분의 1 수준이어서 많이 판매되었어요.

1933년에는 회사 이름을 'SS 자동차'로 바꾸었지요. 하지만 회사 방향성에 대한 의견 차이로 윌리엄 웜슬리가 회사를 떠나고 맙니다.

제2차 세계 대전 직후에 SS 자동차는 이름을 바꿔야만 했어요. SS가 독일 나치의 친위대 슈츠슈타펠(Schutzstaffel)의 약어와 동일했기 때문이에요. 그래서 이전에 출시했던 모델 '재규어'의 이름을 회사명으로 사용하기 시작했어요.

▶ SS 재규어 100

▶ 재규어 XJ6

본격적으로 자동차 제작에 뛰어든 재규어는 스포츠카 'XK120'을 선보이면서 높은 관심을 받았어요. 미국을 비롯해 여러 나라에 수출되었던 XK시리즈는 재규어만의 가볍고 빠르면서도 고급스러운 스포츠카 이미지를 세상에 각인시켰어요.

'XJ6', 'E-타입'이 나오면서 인기를 끌었으나 이후 경영난으로 영국의 자동차 회사 모임 BMC와 합병해 BMH를 만들었어요. 상황이 나아지지 않자 다시 BLMC를 결성했어요. 하지만 석유 파동으로 국영화되었지요. 재규어는 다시 민영화된 이후에도 1989년 미국의 포드, 2008년 인도의 타타자동차에 인수당하는 수난을 겪었어요. 그럼에도 재규어는 롤스로이스, 랜드로버와 함께 영국 왕실이 인정한 자동차 브랜드로 명성을 떨치고 있습니다.

▶ 재규어 XK120

동물이 들어간 엠블럼 모아 보기

자동차 엠블럼은 원, 삼각형 같은 도형이나 이름의 철자에서 따온 간단한 엠블럼부터 동물 모양의 엠블럼까지 다양해요. 동물 엠블럼을 보면 개, 닭, 독수리, 전갈, 도마뱀도 있고, 그리핀, 키메라, 용 같은 상상 속 동물까지 등장하지요. 엠블럼에 어떤 동물이 등장하는지 살펴보세요!

키메라는 양, 사자, 뱀이 한 몸에 있는 상상 속 동물이야!

사람이 들어간 엠블럼도 있어!

랜드로버
Land Rover

- 설립자: 모리스 윌크스
- 설립 연도: 1948년
- 슬로건: 한계를 넘어(Above and Beyond)
- 대표 모델: 랜드로버, 디스커버리, 레인지로버

랜드로버를 만든 로버 컴퍼니는 자전거를 만들던 작은 회사였어요. 로버(Rover)는 '떠돌이', '유랑자'란 뜻으로, 자전거와 함께 자유로이 생활한다는 의미를 담아 지은 이름이에요.

랜드로버의 롤모델은 지프

제2차 세계 대전 동안에 로버 컴퍼니는 자전거 대신 전쟁에 필요한 군용차나 엔진을 제작했어요. 전쟁이 끝난 후에는 가지고 있는 설비와 물자를 활용해 농업에 적합한 자동차를 만들고자 했어요. 문제는 '거친 길을 잘 달릴 수 있는가?'였습니다. 이에 로버 컴퍼니의 스펜서 윌크스, 모리스 윌크스 형제는 미군이 타고 전장을 누볐던 '지프'를 떠올렸어요. 지프는 군용차로 설계된 자동차답게 진흙탕이나 가파른 언덕도 거침없이 달렸지요. 지프를 참고하면 좋은 농업용 차량을 만들 수 있을 거라고 생각했어요.

지프의 구동 장치를 활용하고, 전쟁 기간 동안 전투기를 만들다 남은 알루미늄을 이용해 차체를 제작했습니다. 알루미늄은 물에 닿아도 녹이 슬지 않고 무게가 가벼워서 농업용 자동차로 적합했지요.

그렇게 탄생한 '랜드로버 S1'은 인기가 엄청났습니다. 한정 판매였지만, 주문량이 많아 추가 생산까지 해야 했답니다. 랜드로버는 금세 지프의 판매 기록을 따라잡았어요. 랜드로버는 시리즈를 거듭하면서 더 좋은 성능과 폭넓은 활용성을 자랑했고, 원래 목적이었던 농업용으로는 물론 군대 작전 차량, 응급차로도 쓰였습니다.

▶ 랜드로버 S1

▶ 랜드로버 레인지로버(1970)

▶ 랜드로버 레인지로버(2012)

SUV에 대한 편견을 깼어요

지프나 랜드로버 같은 자동차를 'SUV'라고 부릅니다. SUV는 '스포츠 실용차(Sports Utility Vehicle)'의 약자로, 험한 길을 다닐 수 있어 각종 야외 활동에 적합한 자동차를 말해요. 이 때문에 SUV는 거칠고 딱딱하다는 이미지가 널리 퍼져 있었지요.

1970년, 랜드로버는 이런 SUV에 대한 편견을 깨고 최초의 럭셔리 SUV를 공개했습니다. 그 이름은 '레인지로버'입니다. 영어로 범위를 뜻하는 레인지(range)와 로버(rover)가 합쳐진 이름으로, 세상 어디든 누빌 수 있다는 의미입니다.

레인지로버는 특히 유럽 귀족들에게 주목받았어요. 귀족들이 주로 타고 다니는 스포츠카나 고급 세단으로는 시골에 있는 별장에 갈 때나 야외 활동을 할 때 불편했거든요. 럭셔리한 레인지로버는 이런 불편감을 해소해 주면서 귀족의 품격을 지킬 수 있는 자동차였지요.

그간 레인지로버 시리즈는 이색적인 모험을 통해서 뛰어난 성능을 알렸어요. 차를 타고 28,968km의 아메리카 대륙을 탐험하고(1972년), 사하라 사막을 횡단하고(1974년), 영국에서 인도까지 이어지는 16,000km의 고대 실크로드를 완주하는(2013년) 멋진 모습을 보여 주었지요. 특히 걷기만 해도 발이 푹푹 빠지는 사막을 유유히 달려서 '사막의 롤스로이스'라는 별명도 갖고 있답니다.

모험, 그것은 우리의 DNA

랜드로버 엠블럼의 초록색은 드넓은 초원을 연상시켜요. 랜드로버는 초록색을 이용해 모험심을 자극하는 엠블럼을 만들었지요. 어디든지 떠날 수 있는 자유를 중요한 가치로 여기는 랜드로버에 잘 어울리지요.

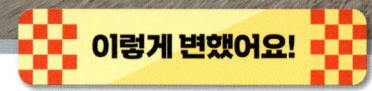
이렇게 변했어요!

1948~1968년

1968년

1968~1978년

1978~1986년

1986~2021년

1996~2021년

2021년~현재

미니
MINI

- **설립자** 브리티시 모터 코퍼레이션
- **설립 연도** 1969년
- **슬로건** 미니. 큰 사랑(MINI. BIG LOVE.)
- **대표 모델** 쿠퍼, 컨트리맨, 클럽맨

흔히 작고 귀여운 것 앞에 '미니'라는 말을 붙이곤 하지요. 짧은 치마를 일컫는 미니스커트라는 명칭도 이 소형 자동차 미니에서 비롯되었어요.

▶ 모리스 미니 마이너

작은 차가 필요했어요

커다란 자동차들이 개발되던 시기에 어쩌다가 소형차가 나왔을까요? 1956년 제2차 중동 전쟁으로 영국에서는 기름값이 무척 비싸졌어요. 사람들은 기름을 덜 쓰는 소형차를 찾기 시작했습니다. 이처럼 사회적인 배경에 따라서 선호되는 자동차가 달라지기도 하지요.

브리티시 모터 코퍼레이션, 일명 BMC에는 알렉 이시고니스라는 디자이너가 있었어요. 그는 소형차의 필요성을 깨닫고, 차체가 작으면서도 공간을 넓게 사용할 수 있는 '미니'를 설계했습니다.

1959년 소형차 미니는 '오스틴 (미니) 세븐'과 '모리스 미니 마이너'라는 두 개의 이름으로 출시되었어요. 이후 1969년에 미니는 독자적인 브랜드로 독립했습니다.

▶ 오스틴 (미니) 세븐

자동차는 다양한 이유로 개발되지.

▶ 모리스 미니 마이너

작다고 얕보다간 큰코다쳐요

'작은 고추가 맵다.'라는 말이 있지요? 미니가 작다고 해서 성능이 떨어졌던 것은 아니에요. 모터스포츠의 강자 포르쉐와 정면 승부를 펼쳤던 적도 있답니다.

경주차 제작자 존 쿠퍼는 제일 먼저 미니의 가능성을 알아본 사람이에요. 그는 미니만의 강점을 잘 활용한다면 모터스포츠에서도 활약할 거라 예상했지요.

1961년, 미니는 경주에 최적화된 '미니 쿠퍼'로 재탄생했어요. 미니 쿠퍼는 1964년 모나코 몬테카를로 랠리에서 우승을 차지했습니다. 작고 예쁜데 속도까지 빠르다니! 전 세계가 미니의 매력에 빠져드는 것은 시간문제였지요. 심지어 영국의 엘리자베스 여왕과 록 밴드 비틀즈까지 미니를 사랑했으니까요.

미니는 2001년 BMW에 인수되어 새롭게 출발했습니다. 2023년에는 전기차 미니 일렉트릭을 선보였고, 우리나라에서 1만 대 이상 팔리며 식지 않은 인기를 증명했습니다.

날아오르는 작은 거인

작은 키와 몸집을 가졌지만, 뛰어난 능력을 보여 주는 사람에게 흔히 '작은 거인'이라는 이름을 붙입니다. 미니는 자동차계의 작은 거인이나 다름없지요. 날렵한 은빛 날개는 미니의 상징입니다. 이 날개는 민첩성, 스피드, 파워, 자유를 상징한다고 해요.

이렇게 변했어요!

1959~1962년	1962~1969년	1968~1969년

1969~2001년	2001~2018년	2018년~현재

대한민국

시발자동차라고 들어 봤나요? 1955년 미군의 폐차 부품을 이용해 만든 우리나라 최초의 자동차예요! 우리나라의 경제 발전에 크게 이바지한 현대자동차, 최초의 프리미엄 자동차 제네시스, 자전거부터 자동차까지 국민들의 발이 되어 준 기아, 1960년대 서울 시내를 누비던 하동환버스로 시작한 KG 모빌리티까지. 우리나라 자동차는 언제부터, 어떻게 발전해 왔을까요? 함께 살펴봅시다.

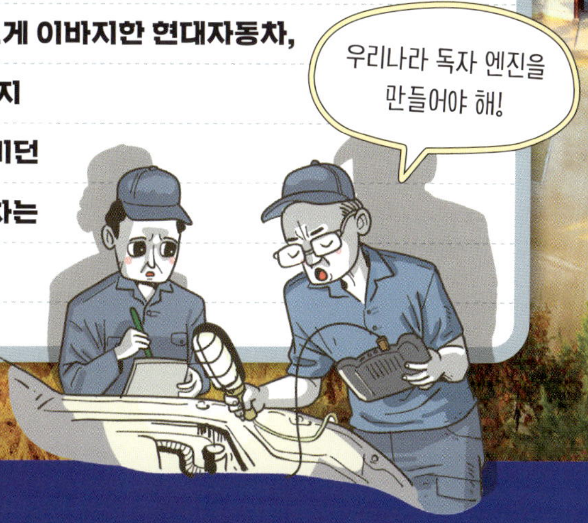

우리나라 독자 엔진을 만들어야 해!

현대
Hyundai

- **설립자**   정주영
- **설립 연도**   1967년
- **슬로건**   인류를 향한 진보(Progress for Humanity)
- **대표 모델**   그랜저, 쏘나타, 아반떼

새로운 시대로 나아가는 현대

"이봐, 해 봤어?" 정주영 회장이 생전에 남겼던 말이에요. 정주영 회장이 만약 어려운 일을 일찌감치 단념하는 사람이었다면 현대자동차는 오늘날 세계적인 자동차 회사로 성장할 수 없었을 거예요.

정주영은 가난한 집에서 태어나 서울에 올라왔습니다. 복흥상회(이후 경일상회)라는 쌀가게에서 배달원으로 성실하게 일했어요. 성실함을 알아본 사장님은 정주영에게 가게를 물려주었지요. 그러나 쌀가게는 오래가지 못했어요. 당시 우리나라는 일제 식민 통치 아래 자유를 빼앗겼던 시기였어요. 일제의 식량 배급 정책으로 쌀의 자유 판매가 금지되어 쌀가게는 문을 닫게 되었습니다.

정주영은 일제의 통제를 받지 않는 사업을 찾다가 아도서비스(Art Service)라는 자동차 정비 공장을 인수했어요. 아도서비스는 현대자동차의 뿌리라고 할 수 있어요. 아도서비스는 개업 20일 만에 빚의 절반이나 갚을 정도로 사업이 잘되었어요. 하지만 며칠 뒤 한 직원의 실수로 큰 불이 나서 공장과 자동차까지 모두 잿더미가 되었습니다. 그럼에도 정주영은 꺾이지 않았어요. 공터에서 자동차를 수리하거나 석탄 옮기는 일을 하며 우여곡절을 겪고, 광복 후인 1946년에 '현대자동차 공업사'라는 이름으로 다시 자동차 정비업을 시작했습니다. 1967년 '현대자동차 주식회사'를 설립해 자동차 제조에 뛰어들었어요. 현대의 이름에는 시대를 앞서 나가고자 하는 의지가 담겨 있다고 합니다.

▶ 아도서비스

▶ 현대 포드 코티나

우리나라 최초의 독자 생산 모델, 포니

현대자동차에서 최초로 생산한 모델은 '코티나'입니다. 원래 코티나는 미국 포드의 자동차였지만, 두 회사가 협력 관계를 맺었기 때문에 현대자동차는 코티나를 직접 생산하고 판매할 수 있었어요.

옛날에는 국내 자동차 회사들이 외국의 차종을 들여와 조립하고 판매하는 방식이었어요. 자체적으로 개발한 우리나라만의 자동차 모델은 없었지요. 드디어 1974년 우리나라 최초의 독자 자동차 모델 '포니'가 등장합니다. 포니의 개발로 대한민국은 아시아에서 일본에 이어 두 번째로 독자적인 자동차 모델을 생산하는 국가가 되었어요.

▶ 현대 포니(1974)

▶ 포니에 적용했던 현대자동차 엠블럼

우리나라 최초의 독자 개발 엔진, 알파

현대자동차는 포니를 미국에 수출하려 했지만, 결과적으론 그렇게 할 수 없었어요. 미국에 자동차를 수출하려면 미국 연방자동차안전기준을 통과해야만 했는데, 포니는 조사 항목 37개 가운데 13개 항목에서 불합격 판정을 받았거든요. 우리나라에서 개발한 모델은 맞지만, 부품까지 모두 자체 개발한 것은 아니었어요. 특히 외국에서 들여온 구식 엔진으로는 어떻게 해도 안전 기준을 충족시킬 수 없었지요. 이를 계기로 현대는 독자 엔진 개발을 위해 전심전력을 다했습니다.

현대자동차의 기술자들은 피땀을 흘리며 외국 자동차 회사에서 엔진 기술을 하나하나 배워 왔어요. 1991년 1월, 현대는 마침내 독자 개발한 엔진, '알파'를 완성했습니다. 알파 엔진은 이후 세타, 타우 등 다양한 독자 엔진의 개발로 이어졌지요. 포니와 알파 엔진의 등장은 우리나라 자동차 산업이 외국에 의존하지 않고, 자립을 이룬 역사적인 사건이었습니다.

▶ 현대 알파 엔진

차종마다 엠블럼이 달라요

현재 현대자동차의 엠블럼은 기울어진 'H'로 속도감을 주고, 동시에 미래에 대한 도전과 전진을 표현했습니다. 현대의 엠블럼 중 가장 많이 알려졌고, 제일 많이 본 형태일 거예요. 이 엠블럼은 1990년 10월에 출시된 '엘란트라'에 최초로 적용되었습니다.

독자적인 엠블럼을 가진 모델들도 있어요. 한때 '그랜저'에는 보닛 위에 엠블럼을 부착한 후드탑 엠블럼이 있었어요.

'다이너스티'는 타원형 엠블럼과는 또 다른 'H'를 보여 주었어요.

'에쿠스'는 라틴어로 '천마', 하늘을 나는 말을 뜻합니다. 그래서 엠블럼으로 날개를 형상화했어요.

▶ 현대 엘란트라

▶ 현대 그랜저 XG 후드탑 엠블럼

▶ 현대 다이너스티 후드탑 엠블럼

▶ 현대 에쿠스 후드탑 엠블럼

최신 차의 엠블럼은 장식만이 아니라 전방의 물체를 감지할 수 있는 레이더 기능도 해요. 엠블럼과 일체화된 레이더는 앞차와의 거리를 계산해 차량의 속도를 조절하거나 위급 상황에 스스로 멈춰 충돌을 예방할 수도 있어요.

세상에! 신기한 차 이야기

우리나라 최초의 자동차

　우리나라는 세계적으로 봤을 때, 자동차 산업의 후발 주자예요. 자동차를 만들기 시작한 지 아직 60년 정도밖에 안 되었지요. 우리나라 최초로 독자 개발한 자동차 포니 이전에는 어떤 차가 있었을까요?

　기록에 따르면, 우리나라에 자동차가 처음 들어온 것은 1903년이라고 해요. 조선 제26대 왕인 고종 황제의 재위 40주년을 맞아 미국의 자동차를 들여왔습니다. 아쉽게도 러일 전쟁 때 사라져서 어떤 자동차 모델인지는 명확히 밝혀지지 않았어요.

　우리나라에서 처음으로 자동차를 만든 것은 1955년이에요. 우리나라 자동차 산업은 미군의 폐차를 이용하면서 시작되었어요. 정비업을 하던 최무성, 최혜성, 최순성 삼 형제는 미군의 지프를 분해하고, 쓸 만한 부품을 모아 다시 자동차를 만들었습니다. 이 자동차는 대한민국 자동차 산업의 시작이란 의미로, '처음 시(始)', '쏠 발(發)'을 써서 '시발자동차'라는 이름이 붙었습니다. 광복 10주년 기념 산업 박람회에서 최우수 상품과 대통령상을 수상했고, 택시로도 많이 이용되어서 '시발택시'라고도 불렸습니다. 하지만 1962년 새나라자동차에서 만든 '새나라자동차'가 등장하며 시발자동차는 서서히 잊혔고, 지금은 역사의 뒤안길로 사라지게 되었습니다.

▶ 시발자동차 (※출처: 대한민국역사박물관)

제네시스
Genesis

GENESIS

- **설립자** 현대자동차
- **설립 연도** 2015년
- **슬로건** 고급스러움의 진화(Luxury Evolved)
- **대표 모델** G70, G80, GV80

자동차 회사에서는 회사의 이미지를 바꾸거나 새로운 고객을 늘리기 위해서, 고급스러움을 내세운 브랜드를 만들기도 해요. 예를 들면 포드의 링컨, 토요타의 렉서스 같은 브랜드들 말이지요. 우리나라 최초이자 유일한 프리미엄 자동차 브랜드로는 현대의 제네시스가 있습니다.

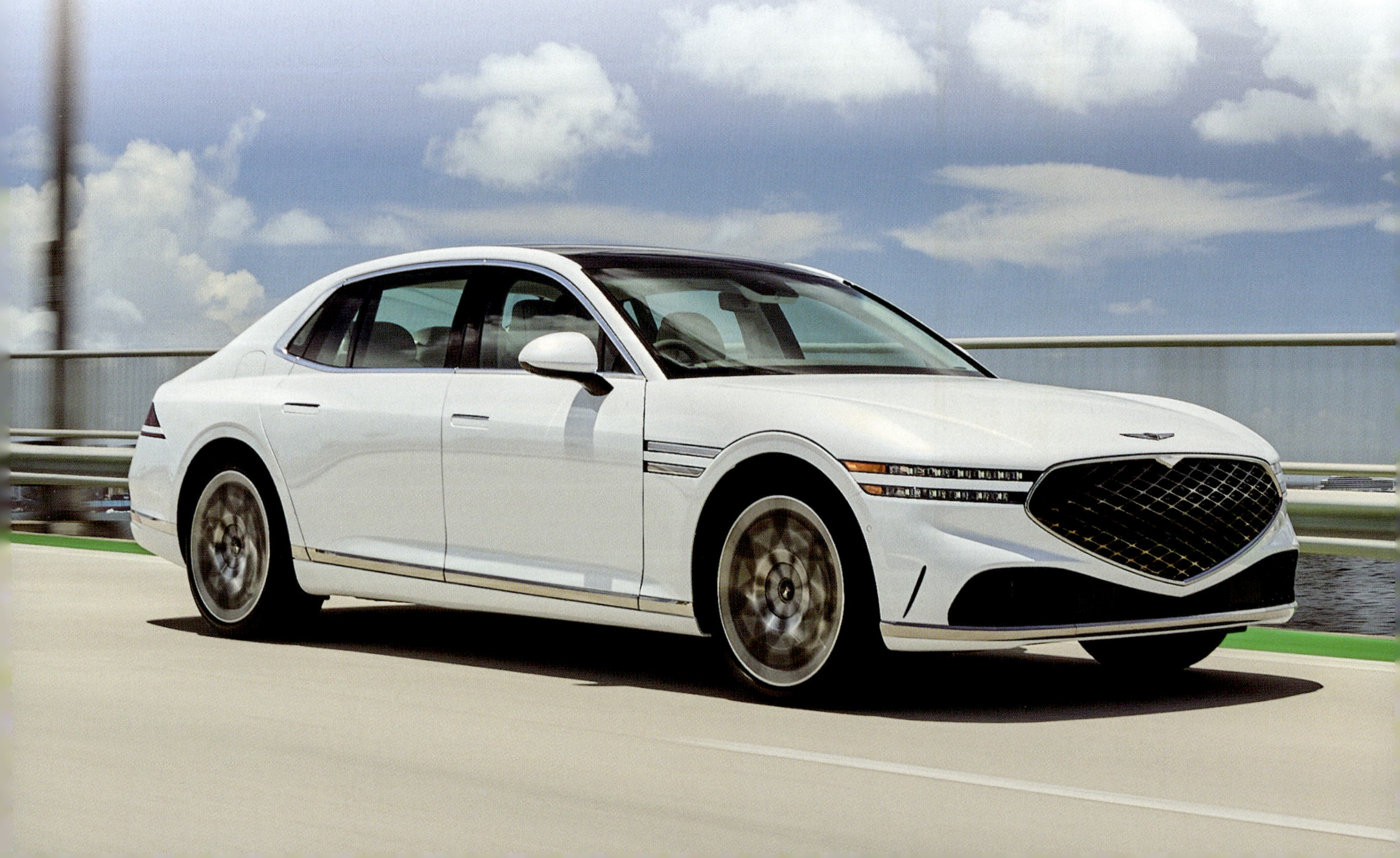

우리나라 고급차 브랜드의 시작

현대자동차그룹 안에는 현대자동차, 기아자동차, 제네시스가 있습니다. 제네시스가 공개된 것은 2008년입니다. 당시 현대가 출시한 고급 세단이 제네시스였습니다.

제네시스를 처음 계획할 때는 독립적인 고급차 브랜드로 발표하려 했지만, 세계 금융 위기가 터졌어요. 자동차 시장이 가장 큰 미국을 비롯해 세계 경제가 위축된 상황에서 제네시스의 출범은 조심스러울 수밖에 없었어요. 이러한 이유로 제네시스는 독립 브랜드가 아닌 현대자동차의 자동차로서 공개되었답니다.

▶ 제네시스(2008)

2015년이 되어서야 별도의 브랜드로 전환되어 운영되고 있습니다. 'EQ900'은 제네시스가 독립한 뒤 나온 첫 모델입니다. 제네시스는 세단(일반 승용차) 모델 이름에는 'G'를, SUV 모델 이름에는 'GV'를 붙이고 있어요. EQ900의 이름이 기존 모델들과 다른 이유는 현대자동차의 고급 세단, 에쿠스의 후속 모델인 것을 강조하기 위해서예요. 나중에는 외관을 다듬어 'G90'이란 이름으로 재등장했어요.

▶ 제네시스 G90(2017)

이렇게 변했어요!

2008~2015년   2015~2020년   2020년~현재

   제네시스(Genesis)는 영어로 사물이 처음 생긴다는 뜻의 기원 또는 창세기를 의미합니다. 국내 고급 세단의 새로운 기원을 열겠다는 의미를 담고 있지요.

   이름에 걸맞게 새로운 진보와 혁신을 상징하기 위해서 방패 모양의 휘장과 기다란 날개를 사용했습니다.

   제네시스는 차 전면을 엠블럼과 비슷한 외관으로 꾸며 브랜드의 정체성을 다졌어요. 앞에는 방패 모양의 크레스트 그릴이 보이고, 양옆으로는 날개를 표현한 날렵한 두 줄 램프가 있어요.

> 제네시스 엠블럼을 형상화해 만들었지.

크레스트 그릴   두 줄 램프

기아자동차
Kia

- 설립자　　김철호
- 설립 연도　1944년
- 슬로건　　영감을 주는 움직임(Movement that inspires)
- 대표 모델　레이, 쏘렌토, 카니발, K5, 스포티지, 모닝

일어나는 아시아라는 뜻을 지닌 기아

기아를 세우기 전 설립자 김철호는 일본 오사카에서 자동차와 자전거 부품을 생산하는 일을 했습니다. 기계에 대해 공부하며 기술도 습득할 수 있었어요. 그가 다시 한국으로 돌아온 것은 1944년이었습니다.

그가 세운 경성정공의 출발은 자전거였습니다. 자전거 브랜드 '삼천리 자전거'가 이때 탄생했지요. 경성정공은 자전거 사업으로 성공하고, 1952년 이름을 '기아산업'으로 바꾸었습니다. 기아는 '일어날 기(起)', '버금 아(亞)'를 써서 '일어나는 아시아' 또는 '아시아에서 일어나다'라는 의미예요.

기아의 첫 엠블럼은 톱니바퀴와 벤젠 고리(화합물의 구조 모양)에서 모티브를 얻었어요. 톱니바퀴는 기계 공업을 상징하며, 벤젠 고리는 탄소 원자로 이루어진 고리로서 화학 공업을 나타냅니다.

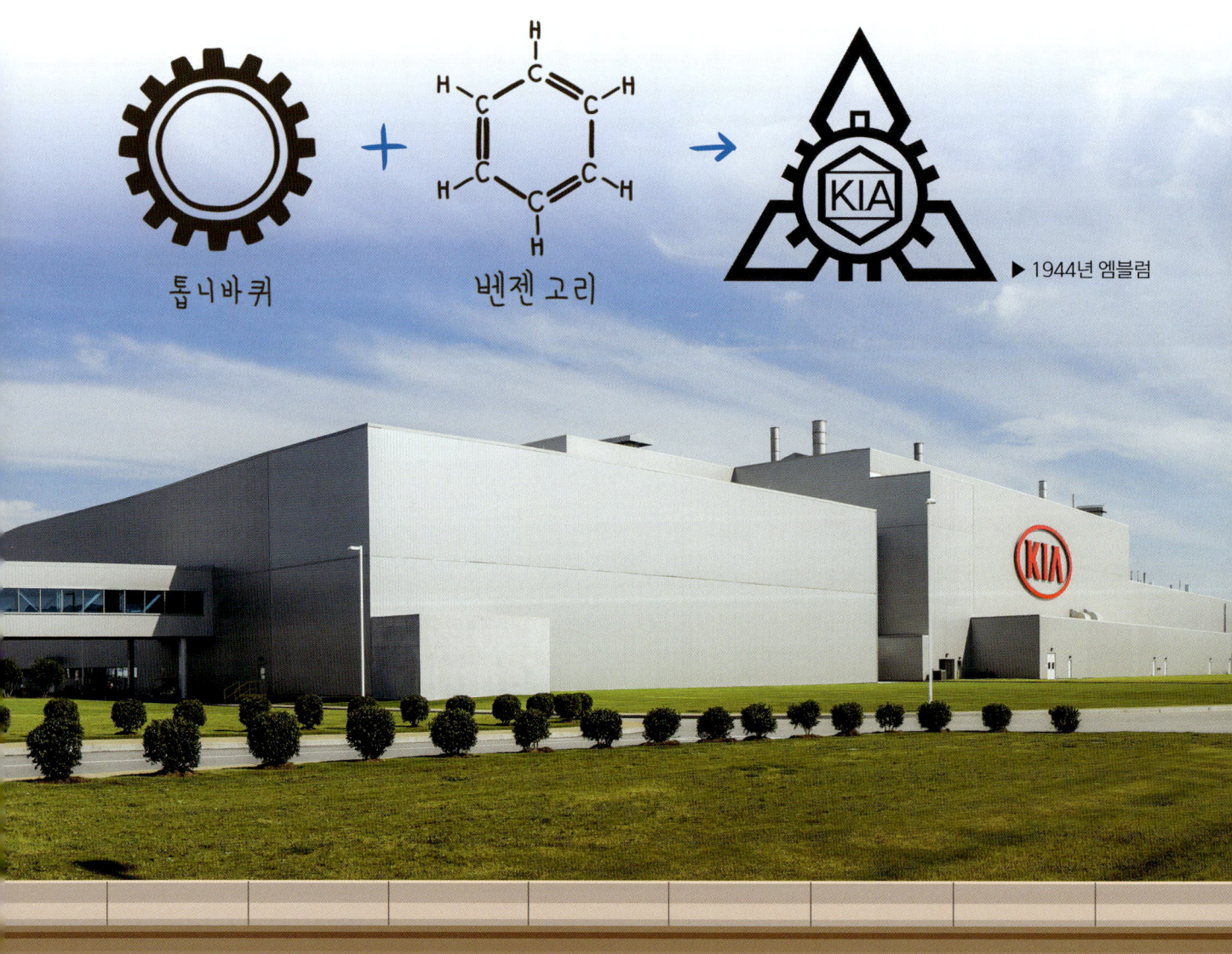

▶ 1944년 엠블럼

▶ 기아 K-360

자전거, 오토바이, 그리고 자동차

김철호는 우리나라가 아시아 중심에 우뚝 서길 바랐습니다. 기아는 우리나라의 산업 성장에 맞춰 1960년대 오토바이와 자동차도 생산하기 시작했어요. 일본 혼다와 제휴를 맺어 오토바이를 생산하고, 일본 도요공업(마쓰다의 옛 이름)의 부품을 들여와 삼륜차 'K-360'을 만들었지요. K-360이 큰 인기를 얻자 기아는 경기도 광명시에 자동차 공장을 세워 본격적인 자동차 생산의 시작을 알렸습니다.

▶ 1964년 엠블럼

   자동차 공업을 시작한 기아는 창립 20주년을 기념하기 위해 1964년에 새로운 엠블럼을 제작했습니다. 기아의 'ㄱ'과 'ㅇ'을 결합했고, 각각 기계 공업과 자동차 바퀴를 의미했습니다.
   1974년에는 기아의 최초 승용차 '브리사'가 출시되었습니다. 현대자동차의 '포니'와 경쟁하며, 국내 승용차 시장을 휩쓸었던 막강한 모델이었지요. 1980년, 정부가 내린 자동차 공업 합리화 조치(국내 자동차 회사를 합병하려다가 결국 각 회사가 특정 차종만 생산하게끔 강제한 조치)에 기아는 승용차 대신에 소형 트럭 같은 중소형 상용차만 만들게 되었습니다. 이후 트럭 짐칸에 사람을 태울 수 있게끔 개량을 한 '봉고'를 출시하며 큰 인기를 얻었습니다.

▶ 기아 브리사

승승장구하는 기아

1986년 자동차 공업 합리화 조치가 풀리면서 기아는 다시금 승용차를 개발했습니다. 이때 기아의 상징적인 차 '프라이드'가 출시되었지요. 국민차라고 불리며, 좋은 성능, 합리적인 가격과 실용성으로 이름을 알렸어요.

같은 해 엠블럼이 교체되었어요. 기아 영문명 위로 깃발이 휘날리고 있는 모양이지요. 연기가 모락모락 피어나는 굴뚝 같아서 굴뚝 엠블럼이라고도 했어요. 휘어진 깃발의 세 굽이는 사회 발전에 이바지할 거란 '믿음', 자동차 공업과 미래를 이끌어 갈 '노력과 창조', 밝고 풍요로운 미래를 향해 앞장설 '의지'를 뜻했습니다.

1994년에는 창립 50주년을 기념해 타원 안에 'KIA'가 새겨진 모습으로 바꾸었어요. 타원은 회사, 고객, 종업원 사이의 친밀한 커뮤니케이션을 의미하며, 태양의 정열을 닮은 붉은색은 기아의 열정을 나타냈습니다.

1998년 기아는 다인용 승용차인 '카니발'을 성공적으로 출시하지만, 외환 위기로 회사가 휘청였어요. 결국 현대자동차에 인수되었습니다.

▶ 1986년 엠블럼

▶ 1994년 엠블럼

▶ 기아 프라이드(1990)

▶ 기아 카니발(1998)

2021년 서울모빌리티쇼에 참가한 기아는 화려한 쇼와 함께 새로운 엠블럼을 공개했습니다. 'K', 'I', 'A'가 나란히 붙어 기아의 새로운 목표인 균형, 리듬, 상승을 나타냈습니다. '균형'은 이전 고객은 물론 신규 고객도 만족시키겠다는 자신감을, '리듬'은 고객의 목소리에 따라 끊임없이 변화하겠다는 자세를, '상승'은 고객을 위한 새로운 브랜드로 발전하겠다는 마음을 의미합니다.

차를 수출할 때 이름을 바꾼다고요?

우리나라 차를 해외로 수출할 때 이름을 바꾸기도 합니다. 우리말로 어린 사람을 뜻하는 '아이'가 미국에서는 자기 자신을 뜻하는 'I(아이)'라고 들리고, 일본에서는 사랑을 뜻하는 '愛(아이)'로 들리는 것처럼 기아라는 이름도 다른 문화권에서는 다르게 들리기 때문입니다.

기아는 영어로 'KIA'라고 표기해요. 'KIA'는 영어권에서 'Killed In Action'이란 말의 약자와 동일해요. 이는 군사 용어로 '작전 중 사망'을 뜻합니다. 지금은 거의 안 쓰는 표현이지만, 기아란 이름이 불편하다는 의견이 있었어요.

기아의 'K7'은 '카덴자(Cadenza)'라는 이름으로 외국 시장에 출시되었어요. 미국에서는 'K'라는 알파벳이 음성학적으로 좋지 않다고 합니다. 그래서 K7 대신에 카덴자라 이름을 붙인 것이지요.

▶ 기아 K7

'K9'은 기아의 대형 프리미엄 세단이에요. 영어로는 '케이나인'이라고 읽지요. 영어권 국가에는 개(dog)를 의미하는 단어로 '케이나인(Canine)'이 있어요. 결국 일부 시장에서는 핵심이라는 뜻의 '코어(core)'와 품질이라는 뜻의 '퀄리티(quality)'를 합쳐 '쿠오리스(Quoris)'라는 이름을 사용하고, 북미와 캐나다에서는 'K900'으로 판매한다고 해요.

'카니발'은 인육을 먹는 풍습의 '카니발리즘(cannibalism)'과 발음이 비슷해, 미국에서 휴양 도시인 '세도나'라는 이름으로 바뀌어 수출되었습니다.

▶ 기아 K9

이렇게 변했어요!

1944~1964년

1964~1986년

1986~1994년

1994~2012년

2012~2021년

2021년~현재

KG 모빌리티
(KGM)
KG mobility(KGM)

- **설립자**　하동환
- **설립 연도**　1954년
- **슬로건**　달라진 KG 모빌리티(Go Different, KG MOBILITY)
- **대표 모델**　토레스, 코란도, 티볼리, 렉스턴

우리는 먼 곳까지 갈 때 버스를 타고 편리하게 이동해요. 이 버스의 역사에 관해 이야기할 때 빠지면 섭섭한 이름이 바로 '쌍용'이랍니다. 현재는 'KG 모빌리티(KGM)'로 바뀌었어요. 쌍용은 현재 SUV나 RV 등 대형 차량 시장에서 사랑을 받고 있지만, 그 시작에는 버스가 있었어요.

최초로 수출한 우리 자동차

설립자 하동환은 10대부터 자동차 정비 공장에서 일해 자동차에 대해 박식했어요. 그곳에서 얻은 지식과 기술로 1954년에 '하동환 자동차 제작소'를 설립했습니다.

우리나라는 한국 전쟁이 막 끝났을 시기였어요. 일제 강점기, 한국 전쟁을 연이어 겪었기 때문에 경제가 좋지 않았지요. 지금처럼 필요한 자원을 외국에서 들여오거나 개발하는 것이 쉽지 않았어요. 그래서 하동환은 당시 미군의 폐차들을 이용해서 버스를 만들었어요. 드럼통을 망치로 두들겨 차체를 만들고, 버려진 엔진과 변속기 등의 부품을 이용해 버스를 만들었어요. 일명 '하동환버스'라고 불렸지요.

하동환버스는 큰 인기를 얻었어요. 서울 시내를 다니는 버스 중 대부분이 하동환버스였고, 1966년부터 브루나이와 베트남 등에 수출했습니다. 우리나라 자동차 역사에 있어서 최초로 수출된 자동차였답니다.

하동환 자동차 제작소는 1967년 신진자동차에 인수되었다가 1975년 독립해 '동아자동차공업'으로 이름을 바꾸었어요.

▶ 하동환버스

동아자동차는 '거화'라고 하는 자동차 회사를 인수했어요. 거화는 미국의 카이저 지프에서 부품을 공급받아, 국내 최초로 민간용 지프를 생산한 회사였어요. 인수하고 나서 'Korean Can Do(한국인은 할 수 있다)'라는 의미를 담은 '코란도'를 출시했어요. 코란도는 튼튼하고 성능이 좋았으며 수입차에 비해서 가격도 저렴했습니다. 많은 인기를 누리며 동아자동차의 대표 모델이 되었지요.

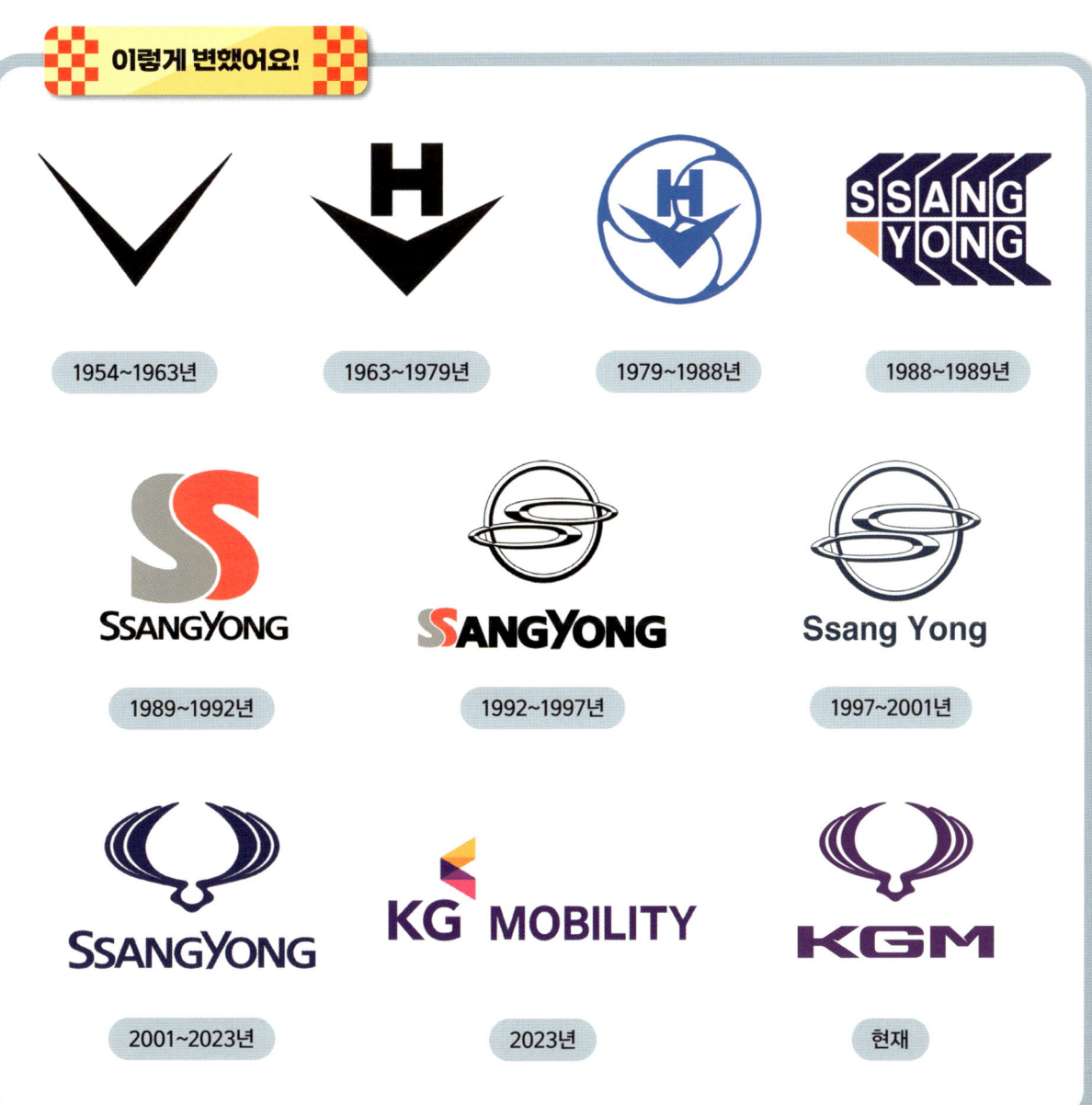

하지만 몇 년 뒤, 동아자동차는 자금난에 시달리다가 회사를 매각합니다. 이때 동아자동차를 인수한 것이 바로 쌍용그룹이었어요. 1988년 동아자동차는 공식적으로 '쌍용자동차'가 되었습니다.

용이 들어간 엠블럼

쌍용은 '두 마리의 용'을 뜻해요. 2001년까지 사용한 쌍용자동차의 엠블럼은 원 세 개가 교차한 모양으로 독특했어요. (77쪽 참고) 세 개의 원 중에서 가장 큰 원은 무한한 우주 공간을, 두 개의 타원은 두 마리의 용을 나타냅니다.

2023년까지 사용했던 엠블럼은 두 마리의 용이 날개를 펼치고 하늘로 솟아나는 모습을 표현했어요.

쌍용자동차는 벤츠와 기술 제휴를 통해 1993년 국내 최초로 SUV '무쏘'를 출시하고, 1996년에는 '뉴코란도'를 공개했습니다. 쌍용은 SUV 시장에서 강한 경쟁력을 가지고 있었어요. 쌍용은 SUV의 수준을 한 단계 끌어올리고자 2001년에 '렉스턴'을 출시했습니다. 렉스턴이란 이름은 라틴어로 '왕가'를 의미하는 '렉스(REX)'와 '품격과 기조'를 뜻하는 '턴(TONE)'을 합친 것입니다.

▶ 1996년 코란도 광고

▶ 렉스턴

'티볼리'는 소형 SUV로, 덴마크 코펜하겐에 위치한 최초의 도심형 테마 공원의 이름에서 따왔습니다. 당시 준중형 세단이 강세인 국내 시장에서 소형 SUV 시장을 개척해 부흥시켰다는 평가를 받았습니다.

쌍용에서 KGM으로

2000년 쌍용자동차가 몸을 담고 있던 쌍용그룹이 해체되면서 쌍용자동차는 한동안 소속이 자주 바뀌었어요. 이후 대우자동차와 합병했지만, 대우그룹도 얼마 안 가 해체되었어요. 쌍용자동차는 중국의 상하이자동차를 거쳐, 2011년에 인도의 자동차 회사인 마힌드라 산하로 들어갔습니다.

30년 넘게 함께해 온 쌍용자동차란 이름은 2022년 KG그룹이 인수한 뒤 KG 모빌리티로 바꾸었습니다. 지금까지 제작해 온 자동차뿐만 아니라, 미래 지향적인 새로운 이동 수단을 제공하겠다는 의미예요. 비록 이름은 바뀌었지만, 쌍용이란 이름으로 함께한 과거를 잊지 않고 자랑스러운 회사가 되겠다는 뜻을 전했습니다.

▶ 티볼리

하이브리드 자동차는 무엇일까요?

내연 기관 자동차는 엔진을 사용하고, 전기 자동차는 전기 모터를 돌려 자동차가 움직이는 힘을 만들어 내요. 하이브리드 자동차는 엔진과 전기 모터를 모두 가지고 있는 자동차를 말해요. 정확히는 두 개 이상의 동력원을 가진 자동차를 하이브리드 자동차라고 합니다.

내연 기관 자동차는 기름을 태워 폭발하는 힘으로 엔진을 움직여요. 큰 힘을 내지만, 한정된 자원인 석유를 사용하는 데다가 배기가스가 대기를 오염시킵니다. 반면 전기 자동차는 탄소 배출이 적지만 충전하는 시간이 필요해요. 아직은 한 번 충전시켜도 달릴 수 있는 거리가 짧지요.

하이브리드 자동차는 필요에 따라 엔진 또는 전기 모터를 이용하면서 두 방식의 장점을 살렸어요. 큰 힘이 필요할 땐 엔진을, 그렇지 않을 땐 전기 모터를 움직이지요. 엔진을 덜 사용하면 그만큼 기름을 아낄 수 있고, 배출하는 배기가스도 적어지겠지요? 따라서 하이브리드 자동차를 친환경차로 분류합니다.

▶ 포르쉐 믹스테

▶ 토요타 프리우스

최초의 하이브리드 자동차는 1899년에 페르디난트가 만든 '믹스테'란 자동차예요. 바퀴에 전기 모터를 달았고, 엔진은 전기 모터를 움직이기 위해 사용되었어요. 오늘날 하이브리드 자동차의 방식은 1977년에 나온 토요타 '프리우스'에서 탄생했어요.

프랑스

프랑스의 대표 자동차 브랜드들은 역사가 깊어요.
19세기부터 프랑스 사람들의 사랑을 듬뿍 받아 온 푸조,
제1차 세계 대전에서 연합군의 승리를 이끌었던 르노,
슈퍼카를 뛰어넘는 최초의 하이퍼카를 만들었던 부가티,
프랑스에서 처음으로 자동차를 대량 생산했던 시트로엥까지
자동차의 발전이 역사에 어떤 영향을 미쳤는지 알 수 있어요.

어떤 차가 나올지 기대된다!

푸조
Peugeot

- 설립자: 아르망 푸조
- 설립 연도: 1896년
- 슬로건: 매력의 힘(Power of Allure)
- 대표 모델: 204, 308, RCZ

역사 깊은 이름

▶ 세르폴레 푸조

푸조는 장 프레데릭 푸조와 장 피에르 2세 푸조 형제가 1810년에 설립한 회사로 생활용품을 만들었어요. 연장 도구, 스프링, 우산 살, 코르셋 프레임, 커피 분쇄기, 시계 부품, 자전거 등 강철을 주재료로 하는 생활용품을 만들어 판매했지요.

자동차에 관심을 두고 있던 것은 장 피에르 푸조의 손자인 아르망 푸조였습니다. 처음에는 자전거에 흥미를 보여 직접 만들기까지 했어요. 그 흥미가 점차 자동차로 확대된 것이지요. 아르망 푸조는 증기 기관 차량 전문가인 레옹 세르폴레와 함께 푸조의 첫 자동차인 '세르폴레 푸조'(타입 1)를 탄생시켰어요. 세르폴레 푸조는 삼륜 증기 자동차였어요.

독일의 고틀리프 다임러가 발명한 가솔린 엔진을 장착한 타입 2(1890년)에 이어 1891년에는 '타입 3'가 공개되었습니다. 아르망은 타입 3의 내구성을 보여 주기 위해서 파리-브레스트-파리 사이클 대회에 참가했어요. 타입 3를 타고 선수들과 함께 달렸지요. 2,045km의 거리를 139시간 만에 완주하는 기록을 보여 주면서 우수성을 증명했어요. 이를 계기로 푸조는 신차를 출시할 때면 자동차 경주에 출전해서 자동차를 알렸어요.

자동차를 직접 만들고, 성능을 직접 테스트하며 경험을 쌓은 아르망 푸조는 1896년에 정식으로 푸조 자동차 회사를 설립했습니다.

▶ 푸조 타입 3

프랑스인들의 마음을 사로잡은 푸조

아르망은 나라를 사랑하는 마음이 깊었어요. 제1차 세계 대전이 일어났을 때, 아르망은 당시 67세의 나이로도 기꺼이 나라를 지키기 위해 앞장섰습니다. 비록 전쟁 중에 안타까운 죽음을 맞이했지만, 사회 고위층으로서 그가 보여 준 애국심과 책임과 의무는 프랑스인들의 마음을 움직였어요. 사람들은 많은 사랑과 관심으로 푸조에 보답했습니다.

푸조는 '유럽 올해의 차'에도 여러 번 선정되었어요. '푸조 504'는 푸조에 첫 번째로 올해의 차 상을 안겨 준 모델이에요. 1969년에 출시되어 2006년까지 무려 370만 대의 판매 기록을 세웠습니다. 유럽 시장에서도 흥행이었지만, 뛰어난 내구성과 주행 성능으로 특히 아프리카와 남아메리카에서 최고의 인기를 누렸어요. '아프리카의 짐꾼'이라는 별명이 있지요.

▶ 아르망 푸조

▶ 푸조 504

▶ 유럽 올해의 차 로고

◀ 푸조 405
▼ 뉴 푸조 208

▶ 레드닷 디자인 어워드 로고

　'푸조 405'는 1988년 유럽 올해의 차에 선정되었어요. 역사상 가장 압도적인 투표수로 선정된 자동차예요. 푸조에서 가장 장수한 모델 중 하나이기도 합니다.
　우수한 완성도의 '푸조 307'과 성능으로 많은 호평을 받은 '푸조 308'에 이어, '푸조 3008 2세대'가 SUV 모델로서는 최초로 2017년 올해의 차로 선정되었습니다.
　2020년에는 세계 3대 디자인 어워드인 레드닷 디자인 어워드에서 '뉴 푸조 208'이 과감한 디자인으로 주목받아 디자인상을 수상했습니다.

▶ 벨포르의 사자

용맹한 사자의 모습을 본뜬 엠블럼

푸조가 첫 출발을 했던 도시인 벨포르시에는 '벨포르의 사자'라고 부르는 조각상이 있어요. 커다란 사자가 벨포르의 상징이지요. 푸조 엠블럼 속의 사자는 이 벨포르의 사자에서 유래했습니다.

1858년 푸조의 엠블럼은 귀금속 세공사이자 조각가 줄리앙 블레이저가 디자인했어요. 사자가 화살을 밟고 있는 모습을 하고 있지요. 이후 여러 번의 변화를 거쳐 오늘날에는 포효하는 사자가 되었습니다. 엠블럼 속 사자는 강인함과 더불어 푸조 자동차에 대한 품질과 신뢰를 의미한다고 해요.

이렇게 변했어요!

| 1810~1858년 | 1858~1889년 | 1889~1910년 |
| 1910~1925년 | 1925~1936년 | 1927~1936년 |

1936~1948년

1948~1950년

1950~1955년

1955~1960년

1960~1968년

1968~1970년

1970~1975년

1975~1980년

1980~1998년

1998~2002년

2002~2010년

2010~2021년

2021년~현재

르노
Renault

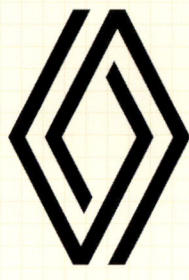

- 설립자　　루이 르노
- 설립 연도　1899년
- 슬로건　　매일을 함께하는 차(voiture a vivre)
- 대표 모델　SM3, SM5, SM7, XM3, 4CV, 클리오

크리스마스에 나타난 작은 자동차

캐롤이 울려 퍼지는 크리스마스이브, 파리의 몽마르트르 언덕을 넘는 한 자동차가 있었어요. 작은 자동차란 뜻의 '브와튀레트'는 가파른 경사도 훌쩍 올라가고 내려왔습니다. 이 차를 만든 사람이 바로 루이 르노입니다. 루이 르노는 어릴 적부터 기계에 관심이 많았고, 자동차 회사인 드 디옹 부통의 자동차를 개조해 브와튀레트를 만들어 냈습니다. 루이 르노는 아버지의 친구를 시작으로, 그날 밤에만 12명에게 자동차를 판매했어요.

이처럼 기술적인 능력이 출중했던 루이 르노를 비롯해 마르셀 르노, 페르낭 르노까지 르노 삼 형제가 모여, 1899년에 '소시에테 르노 프레레'라는 회사를 설립했습니다. 우리가 아는 르노는 이렇게 시작되었지요. 아버지 섬유 공장에서 일했던 마르셀과 페르낭이 경영과 영업을 맡고, 루이는 자동차를 연구하고 개발했습니다. 브와튀레트는 르노의 시작을 함께하며 다양하게 변화했어요.

1903년 파리-마드리드 경주에 참가한 마르셀이 자동차 사고로 사망하고, 얼마 뒤 페르낭도 건강이 나빠져 은퇴했지만 얼마 안 가 생을 마감했지요. 삼 형제로 시작했지만 루이 르노만 남게 되었어요. 루이는 '소시에테 르노 프레레'를 '르노'로 바꾸고, 회사 운영을 이어 나갔습니다.

▶ 르노 삼 형제

▶ 르노 브와튀레트

르노가 만든 택시, 연합군을 도왔어요

제1차 세계 대전에서 르노의 '타입 AG'는 혁혁한 공을 세웠습니다. 독일군이 프랑스 마른강 부근까지 들어오자 연합군은 이를 저지하려 했습니다. 한시라도 빨리 마른강에 많은 병력을 보내야 하는 상황이었어요. 그때 한 장교가 택시를 이용하자는 아이디어를 냈습니다.

파리에 택시 수백 대가 모여들어 6,000여 명의 군사와 물자를 싣고 마른강까지 운반했어요. 이때 대부분의 택시가 타입 AG였습니다. 당시 파리와 영국에서는 택시 차량으로 타입 AG가 많이 사용되었기 때문이지요. 마른강 전투에 대해 다룬 기사 사진을 보면 길에는 온통 타입 AG뿐이었답니다.

르노 자동차는 프랑스 정부의 요청을 받고 구급차, 항공기 엔진, 포탄 등을 지원했으며, 최강의 전차 르노 'FT-17'을 탄생시켰어요. FT-17은 360도로 회전할 수 있는 포탄을 장착해 연합군을 승리로 이끌었습니다. 루이 르노는 전쟁 영웅으로 불리며, 나라에서 훈장을 받았습니다.

그러나 제2차 세계 대전에서 르노는 나치의 협박을 받아 나치군을 위한 트럭을 생산했어요. 전쟁이 끝나자 루이 르노는 전범 혐의로 감옥에 들어가 안타까운 최후를 맞이했어요. 이후 르노 자동차는 국영화되었습니다.

▲ 마른강 전투 당시 르노 AG
▶ 르노 타입 AG

▶ 르노 FT-17

▶ 르노 4CV

우리나라에 진출한 르노

1946년 공개된 '르노 4CV'가 큰 인기를 끌었어요. 가벼운 무게, 넓은 공간, 저렴한 가격으로 4CV는 15년 동안 약 100만 대나 팔렸습니다.

 1996년이 되어서야 프랑스 정부는 르노를 민영화했고, 르노는 국가의 손에서 벗어나 자유롭게 발전할 수 있었어요. 1999년 르노는 일본 닛산과 르노-닛산 얼라이언스를 만들었습니다. 얼라이언스란 연합을 뜻하는 단어이며, 서로 협력하는 관계를 말해요. 2016년에는 닛산이 미쓰비시 지분 일부를 인수해 르노-닛산-미쓰비시 얼라이언스가 되었어요.

 우리나라에서는 외환 위기로 2000년에 삼성자동차가 르노에 인수되면서 르노삼성자동차가 탄생했어요. 르노삼성자동차의 엠블럼은 태풍의 눈을 형상화한 것이에요. 고객을 우선시하겠다는 '의지'를, 차별화된 자동차를 만들겠다는 '역동성', '신뢰성'을 상징합니다. 르노삼성자동차는 2022년에 르노코리아자동차로, 2024년에는 르노코리아라는 이름으로 바꾸었어요.

▶ 르노삼성 엠블럼

기나긴 르노의 역사

르노는 120여 년이 넘는 긴 역사를 자랑하며, 엠블럼 역시 많은 변화를 겪어 왔어요. 르노의 첫 엠블럼은 휘장으로 둘러싸인 타원 안에 알파벳 'R'이 서로 교차하고 있어요. 이는 형제의 이니셜에서 아이디어를 얻었다고 해요.

엠블럼 속에 대표 자동차를 새겨 넣기도 했어요. 1906년에는 1회 프랑스 그랑프리 우승을 했던 모델 'AK 90CV'를, 1919년에는 세계 대전에서 맹활약한 전차 'FT-17'을 담았어요.

1925년 르노의 엠블럼은 다이아몬드를 닮은 마름모로 바뀌어 현재까지 이어지고 있습니다. 르노는 최초로 엠블럼에 색을 칠했으며, 그때의 노란색이 르노를 대표하는 색깔이 되었습니다.

1945~1946년

1946~1959년

1959~1971년

1971~1972년

1972~1981년

1981~1992년

1992~2004년

2004~2007년

2007~2015년

2015~2021년

2018년

2021년~현재

부가티
Bugatti

BUGATTI

- **설립자** 에토레 부가티
- **설립 연도** 1909년
- **슬로건** 자동차계의 서러브레드(Les Pur-Sang des Automobiles)
  ※ 현재는 슬로건을 사용하지 않아요. 서러브레드는 말 품종 중 하나입니다.
- **대표 모델** 타입 35, 베이론, 시론, 디보

예술가 집안에서 탄생한 부가티

▶ 에토레 부가티

부가티는 최고급 슈퍼카 회사로 유명해요. 성능도 뛰어나지만, 특유의 부드럽고 아름다운 디자인이 돋보이는 자동차예요. 이런 부가티의 정체성은 설립자인 에토레 부가티에게서 왔어요. 그의 아버지 카를로 부가티는 조각가, 보석 디자이너, 가구 디자이너였으며 가족과 친척들 대부분 예술가였기 때문이지요.

에토레가 자동차에 빠진 이유도 아버지의 영향이 컸어요. 카를로는 증기 기관을 이용한 삼륜차를 만드는 사업을 하고 있었기 때문에 에토레 역시 자연스레 자동차를 제작하는 과정에 흥미를 느꼈어요. 그렇게 에토레 부가티는 1909년에 모터스포츠로 유명한 도시였던 프랑스 몰샤임에서 '부가티 자동차 회사'를 설립했습니다.

▶ 부가티 베이론

▶ 부가티 시론

우아한 하이퍼카의 품격

부가티의 첫 번째 모델은 '타입 10'이었습니다. 무게가 500kg로 매우 가벼웠어요. 에토레의 오랜 조수가 타입 10을 타고 경주 대회에 출전하면서 부가티는 모터스포츠에 도전하기 시작했어요.

1924년 출시된 '타입 35'는 부가티의 상징적인 모델이에요. 자동차 경주 대회에서 2,000회 가까이 우승을 차지했을뿐더러, 10년이나 서킷을 달렸죠. 그만큼 부가티에겐 큰 명예를 가져다 준 자동차였습니다. 타입 35는 부가티의 상징인 말굽 모양의 그릴이 처음으로 장착된 모델이에요.

제2차 세계 대전 이후 에토레 부가티가 세상을 뜨면서 부가티는 한동안 자동차 생산을 멈추고 문을 닫았습니다. 그러다 1998년 부가티는 독일의 자동차 회사 폭스바겐에 인수되고 나서야 부활했습니다. 부가티가 출시한 '베이론'은 슈퍼카의 성능과 기술을 뛰어넘어 최초로 하이퍼카라고 불렀어요. 후속작 '시론'이 하이퍼카의 명성을 이어 갔습니다.

▶ 부가티 타입 35

말굽 모양의 그릴

하나하나 손으로 직접 만드는 엠블럼

부가티의 엠블럼에는 특별한 비밀이 있어요. 부가티의 엠블럼을 탄생시킨 것은 다름 아닌 어릴 적부터 남다른 예술 감각을 지닌 에토레 부가티예요.

2022년까지 사용했던 부가티의 엠블럼은 척 보기에도 화려해요. 엠블럼 가운데 하얀색으로 부가티의 이름이 새겨져 있고, 그 위에는 에토레 부가티의 이니셜 'E'와 'B'를 융합한 마크가 있어요. 붉은 타원 테두리에는 60개의 점이 있습니다.

자동차에 부착된 부가티의 엠블럼은 순은으로 만들고 창업한 지 240년이 넘는 명판 제조 기업에서 제작한다고 해요. 수작업으로만 이루어지기 때문에 제작은 10시간 이상 걸리며, 약 20명의 인원이 동원되지요. 완성된 엠블럼이 마감 처리 과정을 거치면 표면이 볼록 튀어나와요. 그래서 부가티에서는 엠블럼을 '마카롱'이란 귀여운 별명으로 불렀다고 합니다. 현재 엠블럼에는 글자만 남아 있어요.

과학 지식이 쏙쏙!

자동차의 심장, 엔진의 작동 원리

　자동차 연료는 크게 두 가지입니다. 바로 휘발유와 경유이지요. 가솔린 엔진은 휘발유를, 디젤 엔진은 경유를 사용합니다. 두 엔진은 흡기-압축-연소 및 팽창-배기라는 과정을 반복적으로 실행한다는 점에서 같습니다. 연료를 빨아들여서 압축한 후에 폭발시키고, 가스를 배출하는 과정을 반복하는 것이지요.

　가솔린 엔진과 디젤 엔진의 가장 큰 차이는 폭발 방식에 있습니다. 가솔린 엔진은 연료와 공기를 섞어서 엔진의 실린더로 보낸 후 피스톤으로 압축한 다음, 점화 장치를 이용해 폭발시킵니다. 반면에 디젤 엔진은 점화 장치가 없습니다. 연료와 공기를 높은 압력으로 압축해서, 이때 발생한 열로 폭발시키지요. 이 때문에 디젤 엔진은 높은 열과 압력을 견딜 수 있게 무겁고 튼튼합니다. 제작비가 많이 들기 때문에 엔진 가격도 가솔린 엔진보다 비쌉니다. 아래 표에서 가솔린 엔진과 디젤 엔진의 특징을 살펴보세요!

	가솔린 엔진	디젤 엔진
흡기	가솔린과 공기를 흡입해요.	공기를 흡입해요.
압축	가솔린과 공기를 10분의 1로 압축해요.	공기를 15.5분의 1로 압축해요.
연소 및 팽창	압축된 가솔린과 공기에 전기 불꽃으로 점화해요.	압축된 공기에 경유를 분사하면 자연 발화돼요.
배기	연소 가스를 배출해요.	연소 가스를 배출해요.

시트로엥
Citroen

- **설립자** 앙드레 시트로엥
- **설립 연도** 1919년
- **슬로건** 당신에게서 영감을 받습니다(Inspired by You)
- **대표 모델** 트락숑 아방, 2CV

시트로엥은 1919년 설립된 자동차 회사예요. 설립자 앙드레 시트로엥은 마치 다른 별에서 온 것처럼 아주 뛰어난 창의력을 지닌 사람이었습니다. 그가 만든 자동차는 물론 그 자동차를 알리는 홍보 방식도 사람들을 깜짝 놀라게 했지요.

기어 제작 회사에서 자동차 회사로

1900년, 앙드레 시트로엥은 폴란드로 여행 갔다가 V형 톱니 기어(더블 헬리컬 기어)가 만들어지는 과정을 봤어요. 그는 프랑스로 돌아와 폴란드에서 본 기어의 특허권을 사 와서 기어 제작 회사를 세운 뒤 성공을 거두었어요. 미국의 포드 공장을 다녀온 뒤에는 자동차 공장을 세웠습니다.

시트로엥의 더블 V자 엠블럼은 그가 생산했던 기어에서 영감을 받아 만들었어요. 시트로엥의 엠블럼을 '더블 쉐브론'이라고 부르지요. 초기에는 노란색으로 칠해 톡톡 튀는 시트로엥의 매력과 역동성을 잘 나타냈습니다. 이후에는 색과 형태가 조금씩 바뀌었지만, 더블 쉐브론의 형태는 시트로엥의 상징으로서 오늘날까지 함께하고 있습니다.

▶ 앙드레 시트로엥

저 V자 모양을 보고 엠블럼의 영감을 얻었다고 해.

 이렇게 변했어요!

1919~1922년

1922~1932년

1932~1935년

1935~1959년

1959~1966년

1966~1985년

1985~2009년

2009~2016년

2016~2019년

2019~2022년

2021~2022년

2022년~현재

프랑스의 대표 자동차 회사가 된 시트로엥

앙드레 시트로엥은 어떤 자동차를 만들면 좋을까 고민했습니다. 마침내 정해진 그의 목표는 '대중들이 저렴하게 살 수 있는 튼튼한 자동차'였지요.

당시 미국에서는 포드의 모델 T가 크게 흥행했어요. 컨베이어 벨트를 도입한 대량 생산 방식으로 만들어졌기 때문에 저렴하게 판매되었어요. 저렴한 가격은 대중차의 필수적인 조건이지요. 시트로엥은 이에 영감을 받아 프랑스 최초로 대량 생산 방식을 도입해 자동차를 생산했습니다. 그 모델이 바로 시트로엥의 '타입 A'입니다. 타입 A는 앙드레가 바라던 것처럼 저렴하면서도 완성도가 높은 대중차였어요.

▶ 시트로엥 타입 A(1919)

'트락숑 아방'은 시트로엥이 처음으로 만든 전륜구동 자동차예요. 전륜구동은 앞바퀴에 동력을 전달해 자동차를 움직이는 방식으로, 뒷바퀴에 동력을 전달하는 후륜구동과는 반대되는 개념이에요. 전륜구동은 실내 공간을 넓게 만들기 쉽고, 빗길이나 눈길에서도 더 안전하게 달릴 수 있었어요. 트락숑 아방은 안정성과 뛰어난 내구성, 넉넉한 실내 공간까지 갖춘 덕분에 가족들이 타기 좋은 차량이었답니다.

▶ 시트로엥 트락숑 아방(1934)

시트로엥의 역사를 말할 때 이 차를 빼놓을 수 없어요. 바로 1948년에 출시된 모델 '2CV'입니다. "달걀 바구니를 싣고 비포장도로를 달려도 달걀이 깨지지 않는 유연한 서스펜션을 가진 차"라는 광고 멘트가 유명해요. 서스펜션은 자동차의 무게를 받치는 장치를 말해요. 거친 길을 빠르게 달려도 부드러운 승차감을 유지했으며, 부담 없는 가격으로 대중의 인기를 얻었어요. 2CV는 프랑스의 상징이라고 할 수 있는 자동차였지요.

▶ 시트로엥 2CV

괴짜 아이디어맨 앙드레 시트로엥

앙드레 시트로엥은 홍보의 중요성을 일찍 깨닫고, 독창적인 방법으로 시트로엥을 알렸습니다. 오죽했으면 당시 프랑스에서 "아기가 처음 배우는 말이 엄마, 아빠 그리고 시트로엥이다."라는 농담이 유행했다고 하지요.

첫 차인 타입 A에 이은 두 번째 모델 'B2'를 발표할 때였습니다. 앙드레는 신차의 내구성을 증명하기 위해 지구에서 가장 넓은 모래사막인 사하라 사막을 횡단하기로 했어요. B2는 성공적으로 횡단에 성공하면서 세간의 관심을 받았어요.

▶ 시트로엥 B2

1925년에는 모델 'B12' 지붕 위에 코끼리를 올려놓고 파리 시내를 돌아다녔어요. B12의 강철 차체가 코끼리 정도는 거뜬하게 올릴 수 있을 정도로 튼튼하다는 것을 보여 주었지요.

프랑스의 랜드마크 에펠탑은 10년간 'CITROEN'이라는 글자를 밝히기도 했습니다. 시트로엥은 이 에펠탑 광고를 위해 25만 개의 전구와 600km의 전선을 사용했으며, 이는 역사상 최초로 건물 외관을 이용한 광고입니다.

자동차를 구입한 후에 일정 기간 동안 자동차 수리 등을 무료로 해 주는 애프터서비스 역시 시트로엥이 최초입니다. 이처럼 괴짜 아이디어맨 앙드레 덕분에 시트로엥은 많은 사람에게 알려졌답니다.

▶ 에펠탑 시트로엥 옥외 광고

이탈리아

본 조르노~잉

작고 귀여운 외형으로 이탈리아 사람들의 마음을 뺏은 피아트,
포세이돈의 삼지창이 돋보이는 마세라티,
빨간색 스포츠카 하면 떠오르는 페라리,
고급차, 슈퍼카의 대명사 람보르기니까지.
이탈리아의 감각적인 자동차 브랜드를 함께 살펴봐요!

피아트
Fiat

FIAT

- **설립자**: 조반니 아넬리
- **설립 연도**: 1899년
- **슬로건**: 이탈리아, 색의 나라. 피아트, 색의 브랜드.
  (Italy, The land of colors. Fiat, The brand of colors.)
- **대표 모델**: 피아트 500(토폴리노), 피아트 600, 판다

피아트와 이탈리아

"아녤리가 피아트이고, 피아트가 토리노이며, 토리노가 곧 이탈리아다."라고 할 정도로 피아트는 이탈리아에 큰 영향력을 미치는 기업이에요. 농기계와 철도 차량, 항공기, 선박 기관, 석유, 건설 기기, 원자력 개발, 우주 개발 등 넓은 분야에 걸쳐서 활동하기 때문이지요. 피아트의 출발점은 자동차였어요.

설립자 조반니 아녤리는 부유한 상류 가정에서 태어났습니다. 그는 살던 곳을 떠나 토리노로 이사를 했고, 이탈리아 자동차 산업을 부흥시키고 싶다는 꿈을 키웠어요. 그는 토리노의 귀족과 부호들을 모아 'FIAT'를 설립했습니다. 'Fabbrica Italiana Automobili Torino(이탈리아 토리노 자동차 공장)'의 앞 글자를 딴 이름이에요. 피아트는 이탈리아에서 최초로 세워진 유일한 자동차 회사였습니다.

▶ 피아트 3 1/2HP

대중을 위한 자동차

피아트의 시작을 함께한 모델은 '피아트 3 1/2 HP'예요. 원래는 체이라노 형제 회사에서 만들어진 모델이었으나, 피아트가 공장과 특허를 사왔습니다.

조반니는 부자만 사는 차가 아닌 대중들이 탈 수 있는 차를 개발하고자 했어요. 이렇게 1936년 피아트에서 가장 유명한 소형차가 탄생합니다. '피아트 500' 또는 '토폴리노'라는 이름으로 불렸어요. 토폴리노는 이탈리아어로 '생쥐'란 뜻인데, 디즈니의 미키 마우스를 부르던 이름이기도 했어요. 500의 작고 귀여운 외형에서 비롯된 별명이지요. 500은 미국의 포드 모델 T와 독일의 폭스바겐 비틀처럼 이탈리아의 국민차가 되었습니다. 이탈리아, 독일, 오스트리아 등에서도 생산했으며 400만 대 이상 만들 정도로 잘 팔렸어요.

▶ 피아트 500(토폴리노)

▶ 피아트 600

1955년 출시된 '피아트 600'은 500에 못지않은 폭발적인 인기를 누렸어요. 현재 시세로 계산하면 800만 원이 넘지 않는 착한 가격으로, 이탈리아 말고도 스페인, 아르헨티나에 수출해 수십만 대를 판매했습니다. 1969년까지 약 500만 대가 팔려 나갔어요.

변화무쌍한 피아트의 엠블럼

피아트 엠블럼은 오랜 시간 동안 많은 변화를 겪었어요. 피아트의 첫 엠블럼은 지금과는 사뭇 다른 느낌으로, 양피지 모양이 특징이에요. 긴 회사명 아래 축약된 'FIAT'를 새겨 넣었지요.

피아트는 특히 위아래로 길쭉한 글씨를 자주 사용했어요. 깔끔하면서도 다른 자동차 회사들과 구별하기 좋은 디자인이지요. 때론 사선을 활용해서 날렵하고 진보적인 이미지를 강조하기도 했어요. 강렬한 붉은색을 주로 사용했으며, 현재 엠블럼은 이름만 간단하게 나타내고 있어요.

이렇게 변했어요!

1899~1901년	1901~1903년	1903~1908년	1908~1921년	1921~1925년

    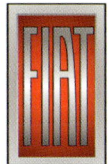

1925~1929년	1929~1931년	1931년	1931~1932년	1932~1938년

1938~1949년	1949~1959년	1959년	1959~1968년	1965~1982년

1968~1972년	1972~2003년	1982~1991년	1991~1999년	1999~2003년

1999~2006년	2001~2006년	2003~2006년	2006년~현재	2020년~현재

마세라티
Maserati

- **설립자** 알피에리 마세라티
- **설립 연도** 1914년
- **슬로건** 열정을 통한 완벽함(Excellence through passion)
- **대표 모델** 마세라티 3500GT, 미스트랄, 기블리, 콰트로포르테, 그란투리스모

마세라티의 탄생

마세라티 집에는 일곱 남매가 있었어요. 그중 장남 카를로 마세라티는 열일곱 살에 단일 실린더 엔진을 제작할 만큼 뛰어난 인재였습니다. 그는 이탈리아의 한 자동차 제작 회사에 일하면서 동생 알피에리에게 자동차에 대해 알려 주었어요.

1914년에는 알피에리를 포함한 마세라티 다섯 형제가 모여 이탈리아 볼로냐에 자동차 정비소를 차렸습니다. 이름은 '오피치네 마세라티 알피에리'였어요.

▶ 마세라티 형제

이들은 모두 공학적 재능이 뛰어났어요. 철도 회사 엔지니어였던 아버지의 재능을 물려받은 듯했지요. 제1차 세계 대전이 끝나고, 마세라티 형제들은 '디아토'라는 자동차 회사에서 경주용 자동차를 제작했어요. 그러다 디아토에서 더 이상 경주용 자동차를 제작하지 않자 이를 계기로 자신들이 직접 자동차 제작 회사를 차리기로 했어요. 그렇게 '마세라티'가 탄생했습니다.

포세이돈의 삼지창

마세라티의 대표 상징은 삼지창 모양의 엠블럼이에요. 이 엠블럼은 마세라티 형제 중 유일하게 엔지니어가 아닌 예술가였던 마리오 마세라티가 직접 디자인한 것입니다. 그는 고향인 볼로냐의 마조레 광장에 있는 넵튠 분수에서 영감을 받았어요. 넵튠은 그리스 로마 신화 속 바다의 신 포세이돈의 다른 이름이에요. 넵튠 분수에 있는 포세이돈은 늠름하게 삼지창을 들고 있지요. 포세이돈의 상징은 삼지창인데, 이것은 올림포스 신들이 티탄족과 전쟁을 벌일 때, 키클롭스 형제가 만들어 준 무기예요. 이처럼 마리오는 강력한 무기이자 고향의 상징이기도 한 포세이돈의 삼지창이 마세라티의 엠블럼으로 잘 어울린다고 생각했지요.

▶ 마세라티 티포 26

마세라티 차의 재미난 이름

1926년 마세라티의 엠블럼을 단 첫 번째 차량이 출범했습니다. 그 이름은 '티포 26'이었어요. 티포 26은 이탈리아 시칠리아에서 개최된 타르가 플로리오 경주에 처음 출전해 우승을 거머쥐었어요. 핸들을 잡은 것은 경주 경험이 있던 알피에리였습니다. 자주 보던 차가 아닌 처음 보는 삼지창 엠블럼이 새

이렇게 변했어요!

1926~1937년	1937~1943년	1943~1951년	1951~1954년
1954~1983년	1983~1985년	1985~1997년	1997~2006년
2006년~현재	2006~2015년	2015~2020년	2020년~현재

겨진 자동차가 첫 번째로 결승선에 들어올 때 사람들이 얼마나 놀라고 환호했을까요! 이 경주 덕분에 마세라티는 널리 알려졌습니다.

1957년 '3500 GT'는 제네바 모터쇼에서 공개되었어요. 3500 GT는 예상보다 더 잘 팔렸어요. 생산 공장을 더 지어야 할 정도였지요. 우아하고 고급스러운 스타일로 '화이트 레이디'라는 별명이 붙기도 했습니다.

▶ 마세라티 3500 GT

1963년, 경주용 엔진을 장착한 세단 모델인 '미스트랄'이 공개되었습니다. 당시 가장 빠른 세단이었지요. 미스트랄은 '남부 프랑스의 차가운 북풍'을 의미하며, 바람처럼 달리겠다는 포부를 담아 지은 이름이에요. 이후에도 마세라티는 바람의 이름을 자동차에 붙이곤 했습니다.

▶ 마세라티 미스트랄

'기블리'는 마세라티 중에서 가장 잘 알려진 자동차이며, 상어같이 날렵하고 매끈한 외관을 가지고 있어요. 기블리는 이탈리아어로 '사막의 뜨거운 폭풍'을 뜻해요.

▶ 마세라티 기블리

엔진 소리도 아름다워요

2012년, 일본의 사운드 디자인 라보 회사와 추오대학 음향시스템 연구실은 함께 실험을 계획했어요. 마세라티 배기음이 얼마나 매력적인지 확인하는 실험이었습니다. 연구진은 마세라티의 대표 차종 '콰트로포르테' 엔진의 주파수를 분석하고, 배기음을 듣는 피실험자의 심박수와 혈류량(핏줄에 피가 흐르는 양)을 측정했습니다. 그리고 나서 피실험자에게 5가지 바이올린 소리를 들려 주어 콰트로포르테의 배기음과 가장 비슷한 소리를 선택하게 했어요. 놀랍게도 피실험자들은 전설적인 바이올린 '스트라디바리우스'의 연주를 선택했어요. 마세라티의 아름다움은 눈만이 아니라 귀로도 느낄 수 있음을 보여 주는 실험이었어요.

마세라티의 엔진 배기음은 엔진 사운드 디자이너와 튜닝 전문가, 피아니스트, 작곡가가 모여 만든 아름다운 선율이에요. 자동차의 분당 회전수를 이용해서 엔진 소리를 작곡한다고 합니다. 소음으로 여겨지는 배기음까지 만들다니, 정말 매력적인 차예요.

페라리
Ferrari

- **설립자** 엔초 페라리
- **설립 연도** 1947년
- **슬로건** 우리가 경쟁자입니다 (We are the competition)
- **대표 모델** 250 GTO, F40, FF

왜 페라리는 빨간색일까요?

페라리는 전 세계적으로 유명한 자동차 브랜드예요. 자동차를 모르는 사람도 페라리란 이름은 들어 봤을 정도지요. 특히나 페라리 하면 빨간색 스포츠카가 떠올라요. 실제로 페라리에서 생산되는 스포츠카 대부분이 빨간색이기 때문이에요. 거친 야생마 같은 페라리의 매력과 잘 어울리는 색깔이지만, 페라리가 정한 것은 아니었어요.

때는 자동차 경주가 한창 떠오르던 1920년대였습니다. 당시 엔초 페라리는 페라리를 세우기 전 '스쿠데리아 페라리' 경주 팀을 만들어 참여했어요. 수많은 자동차가 서킷을 빠르게 내달리는 풍경은 관중들의 심장을 두근거리게 했지요. 하지만 자동차 색깔이 다 비슷해서 멀리서 보면 어느 자동차인지 구별할 수 없었어요. 그래서 경기를 주관하던 국제자동차연맹(FIA)은 출신 국가별로 자동차의 색깔을 지정했습니다. 페라리는 이탈리아의 색깔인 빨간색이 되었지요.

경주 대회의 절대 강자였던 페라리는 언제나 사람들의 이목을 집중시켰고, 자연스레 사람들은 빨간 스포츠카를 보면 페라리를 떠올리게 되었습니다.

현재는 경주에 참가하는 자동차가 자유롭게 색깔을 칠할 수 있도록 규정이 바뀌었어요. 하지만 페라리는 여전히 자신들의 상징과도 같은, '로쏘 코르사'라 불리는 빨간색을 많이 사용한답니다.

처음에는 페라리 이름을 쓰지 못했어요

설립자 엔초 페라리는 어릴 적 우연히 자동차 경주를 보고 자동차에 푹 빠져 13살 때부터 운전을 배웠어요. 그의 인생에서 자동차는 떼려야 뗄 수 없는 존재였지요. 1920년 엔초는 '알파 로메오'라는 팀에 들어가 레이서로 활동했습니다. 압도적인 실력으로 많은 대회를 휩쓸고 다니며, 최고의 레이서로 이름을 날렸어요.

1929년 엔초 페라리는 자신의 이름을 딴 경주 팀을 만들었어요. '스쿠데리아 페라리'라는 팀이에요. 초기 엠블럼 속 S와 F가 새겨 있지요.(121쪽 참고) 알파 로메오의 자동차로 경주에 참여하던 스쿠데리아 페라리는 세계적인 무대까지 진출하며 크게 성장했어요. 그러나 얼마 안 가 엔초 페라리와 알파 로메오는 스쿠데리아 페라리를 둘러싼 갈등을 빚게 되었고, 결국 엔초 페라리가 알파 로메오를 그만두는 것으로 마무리되었습니다.

그는 직접 자동차를 만들고 싶었어요. 1939년에 '자동차·항공 제작 회사'라는 자동차 회사를 차렸지요. 다만, 알파 로메오를 나오면서 맺은 계약 때문에 4년 동안 페라리란 이름을 사용할 수 없었어요. '자동차·항공 제작 회사'는 1947년이 되어서야 '페라리'라는 이름을 붙였답니다.

세상에서 제일 유명한 스포츠카

엔초 페라리가 처음으로 제작한 자동차는 1940년에 나온 '티포 815'예요. 앞서 말한 알파 로메오와의 계약으로, 페라리란 이름을 붙일 수 없었습니다.

▶ 페라리 티포 815

1947년이 되어서야 페라리의 이름을 건 첫 번째 자동차 '페라리 125 S'가 등장했어요.

▶ 페라리 125 S

1962년 탄생한 '페라리 250 GTO'는 페라리를 대표하는 스포츠카라고 할 수 있어요. 자동차 이름에 'GT'가 붙으면 그랜드투어링 카(그랜드 투어러)라고 해서, 장거리 운행으로 좋은 자동차라는 뜻이에요. 250 GTO는 GT에 이탈리아어로 '적합하다'는 의미의 'Omologato'의 O가 붙었어요. 250 GTO는 빠른 속도로 장거리 운전이 가능한 고성능 자동차였지요. 3년간 그랜드투어링 대회에서 눈부신 기록을 세웠으며, 여전히 많은 이에게 최고의 스포츠카로 여겨지고 있어요. 250 GTO는 39대만 생산된 한정판 자동차로 페라리 자동차 중 가장 비싸답니다.

▶ 페라리 250 GTO

'페라리 F40'은 페라리 창립 40주년을 기념해 탄생했으며, 엔초 페라리가 마지막으로 개발한 자동차입니다. 페라리 최고의 걸작으로 알려졌으며, 엔초 페라리가 생각하는 가장 이상적인 스포츠카의 모습을 담고 있어요. F40을 완성했을 때 엔초 페라리는 "이것이야말로 진정한 페라리다!"라고 외쳤다는 이야기도 있지요. 가벼운 차체와 강력한 엔진을 지녔으며, 1989년까지 제일 빠른 속도를 자랑하는 양산차였습니다.

▶ 페라리 F40

▶ 페라리 FF

이후 페라리는 피아트에 인수되었지만 '페라리 FF', '페라리 F12 베를리네타'와 같이 과거 명성에 뒤지지 않는 강력한 스포츠카를 만들어 내고 있답니다.

▶ 페라리 F12 베를리네타

119

페라리 엠블럼 속 말은
전쟁 영웅 바라카의 말

제1차 세계 대전, 전투기 조종사 프란체스코 바라카는 이탈리아의 영웅으로 불렸어요. 그의 비행기에는 뛰어오르는 말의 모습이 그려져 있는데, 이 말 그림이 페라리의 상징이 되었어요. 바라카의 말이 하늘에서 내려와 페라리 엠블럼으로 들어가게 된 데에는 특별한 사연이 있습니다.

　1923년 사비오 경기에서 엔초 페라리는 레이서로서 첫 우승을 거머쥐었어요. 그 경기를 본 바라카의 부모는 깊은 감명을 받았습니다. 이에 엔초 페라리에게 행운을 기원하는 의미로 바라카의 말 문양이 그려진 배지를 선물했지요. 엔초 페라리는 이것을 잊지 않고 노란 방패 문양과 함께 페라리의 엠블럼으로 사용했답니다.

▶ 프란체스코 바라카

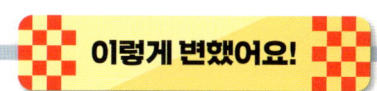 이렇게 변했어요!

1923~1929년　　1929~1932년　　1932~1940년

1940~1945년　　　　1945~1947년

1947~1951년　　1951~1960년　　1960~1981년

1981~2005년　　2005~2010년　　2010년~현재

세상에! 신기한 차 이야기

세계 3대 자동차 경주 대회

▶ F1

사람도, 말도 누가 빠른지 경주하는데, 자동차라고 안 할 이유가 없죠!

자동차 경주는 1894년 프랑스 파리에서 처음으로 시작했어요. 가솔린 자동차가 발명되고 얼마 지나지 않았을 때였지요. 신문사 '르 프티 주르날'의 주최로 개최된 대회였어요. 증기 자동차, 가솔린 자동차, 전기 자동차 등 다양한 자동차들이 참가해 파리에서 루앙이라는 도시까지 약 126km를 달렸습니다. 이 대회의 우승자는 드 디옹 부통 증기 자동차를 운전한 드 디옹 백작이었어요. 평균 시속 11km로 달려 10시간 만에 완주했습니다. 지금 보면 많이 느리지요? 이때는 자동차 제작 기술이 한창 발전하던 시기였기에, 사실상 자동차의 속도보다는 내구성을 겨루는 대회였어요.

포뮬러원(Formular-1)은 줄여서 'F1'이라고도 불러요. 속도를 겨루는 경주인 만큼 F1에 참가하는 자동차들은 매우 빠른 속도를 낼 수 있게 특별한 방식으로 제작되며, 평균 시속이 230km이지요.

월드 랠리 챔피언십(WRC)은 포장되지 않은 거친 길을 달리는 경주예요. 그래서 WRC에 참가하는 자동차는 내구성이 좋아야 해요.

르망 24시 내구 경주 대회는 이름에서 알 수 있듯이, 24시간을 달리며 어떤 자동차가 고장 나지 않고 빠르게 달리는지를 봅니다.

▶ WRC

▶ 르망 24시

람보르기니
Lamborghini

- **설립자**   페루치오 람보르기니
- **설립 연도**   1963년
- **슬로건**   뜻밖의 것을 기대하라(Expect the Unexpected)
- **대표 모델**   미우라, 쿤타치, 무르시엘라고, 우라칸

트랙터에서 시작한 람보르기니

이탈리아 에밀리아로마냐에서 한 아이가 황소처럼 우렁찬 울음소리와 함께 태어났어요. 훗날 자동차 애호가들의 로망이 될 그 이름은, 페루치오 람보르기니였습니다.

　페루치오는 부모님으로부터 포도 농장을 물려받아 농부가 될 수도 있었지만, 그는 기계에 눈을 더 반짝였어요. 그래서 그는 대학에 진학해 기계를 공부하기로 했지요. 제2차 세계 대전이 발발하자, 기계 공학을 전공한 페루치오는 공군에 입대해 군대의 차량을 정비하는 군인이 되었습니다.

　전쟁이 끝난 뒤, 그는 사랑하는 여인과 결혼식을 올리고 훌쩍 신혼여행을 떠났습니다. 여행지의 아름다운 풍경보다도 그의 눈길을 사로잡은 것은 전쟁 후 버려진 군용 트럭이었습니다. 어떻게 활용할지 고민하던 그는 여행에서 돌아와 트랙터 개조 사업을 구상했어요. 전쟁 후에 버려진 자원을 이용해서 농사에 사용하는 트랙터를 만들고자 한 것이지요. '람보르기니'란 이름을 걸고 시작한 트랙터 개조 사업은 성공적이었어요. 그의 손끝에서 다시 태어난 트랙터는 거침없이 밭을 일구었어요. 나날이 람보르기니의 트랙터를 원하는 사람이 늘었습니다. 람보르기니는 이 성공을 밑거름으로 삼아 1949년부터 본격적으로 트랙터를 제작해 판매했어요.

엔초 페라리의 독설을 들었어요

트랙터 사업과 포도 농장으로 명예와 막대한 부를 쥐게 된 페루치오는 자신이 옛날부터 사랑하던 자동차들을 하나둘씩 사 모았습니다. 그가 갖고 있던 차량 중에는 당시 최고의 인기를 자랑했던 페라리의 스포츠카 250 GT도 있었어요. 페라리 자동차는 아름다운 외관과 빠른 속도만 놓고 본다면 완벽한 자동차였지만, 한 가지 결함이 있었습니다. 자동차는 엔진에서 만들어 낸 동력을 다른 장치로 전달하기 위해 클러치라는 부품을 사용해요. 페루치오가 갖고 있던 페라리 자동차는 클러치에 잦은 문제가 일어나기로 유명했어요.

기계학에 박식했던 페루치오는 페라리의 설립자인 엔초 페라리를 찾아갔습니다. 그에게 문제를 설명한 뒤 함께 해결 방안을 찾아보자고 할 참이었습니다. 그러나 엔초 페라리는 페루치오의 방문을 반기지 않았습니다. 엔초 페라리는 페루치오를 향해 "트랙터만 만들던 당신이 스포츠카에 대해 뭘 알겠소. 가서 트랙터나 모시오."라고 비아냥거렸어요.

하지만 페루치오는 농기계만 다룰 줄 아는 것이 아니었어요. 기계 다루는 실력이 아주 뛰어난 엔지니어였지요. 자신의 실력에 자긍심이 높았던 페루치오는 이 일로 자존심이 상했습니다. 그는 새로운 결심을 하게 되었어요. 페라리보다 더 완벽하고, 더 빠른 자동차를 만들어야겠다고 말이에요.

▶ 람보르기니 350GTV

슈퍼카의 탄생

페루치오는 즉각 자동차 회사를 차리고, 실력이 출중한 엔지니어들을 불러 모았습니다. 그들의 목표는 '무조건 페라리보다 빠른 스포츠카를 만든다.'는 것이었습니다. 이렇게 스포츠카 '람보르기니'의 서막이 올랐습니다.

1963년, 람보르기니는 토리노 모터쇼에서 첫 자동차를 공개했습니다. '350GTV'는 최고 출력 280마력, 최고 시속 250km의 뛰어난 성능을 뽐내며 사람들의 감탄을 자아냈어요.

350GTV는 충분히 훌륭한 자동차였지만, 페루치오는 머지않아 사람들의 입이 딱 벌어질 만큼 충격적인 자동차를 발표했습니다.

▶ 람보르기니 미우라

바로 '미우라'입니다. 1966년 탄생한 미우라는 최고 출력 350마력, 최고 시속 276km로 놀라운 성능을 뽐냈어요. 독특한 디자인의 미우라는 단순한 스포츠카를 넘어서는 진짜 '슈퍼카'였지요.

또한 미우라가 자동차 역사에서 특별하게 여겨지는 점이 있습니다. 바로 스포츠카 최초로 '미드십' 방식을 채택했다는 거예요. 미드십은 엔진을 차체 중앙에 배치

해서 균형성과 제어성을 높이는 방식이에요. 미우라 출시 이후로 많은 자동차 회사가 미드십 스포츠카를 만들어 냈으며, 지금은 미드십이 정통 슈퍼카의 상징이 되었습니다.

1971년에 미우라의 후속작으로 슈퍼카의 전설이라 불리는 '쿤타치'를 공개하며, 람보르기니는 최고의 스포츠카 브랜드로서 명성을 높였어요. 쿤타치는 이탈리아 피에몬테 지역의 사람들이 사용하는 감탄사예요. 쿤타치가 공개되는 순간 사람들 입에서 터져 나온 감탄사를 이름으로 썼다는 이야기도 있어요. 이처럼 쿤타치는 공개를 하면서부터 뜨거운 반응을 얻었습니다.

쿤타치를 디자인한 것은 오늘날 자동차 디자인계의 거장이라 불리우는 마르첼로 간디니입니다. 직선적이고 각진 쿤타치의 외관은 미래에서 온 자동차처럼 새로웠어요. 이런 디자인을 쐐기형 디자인이라고 합니다. 쿤타치에는 문을 위아래로 여닫을 수 있는 시저 도어가 적용되었어요.

▶ 람보르기니 쿤타치

오늘날에도 람보르기니는 여전히 '무르시엘라고', '가야르도'처럼 걸출한 슈퍼카를 탄생시키며 많은 사랑을 받고 있어요.

황소가 람보르기니의 상징이 된 이유

람보르기니 자동차 이름에는 재미있는 사실이 있어요. 앞서 소개한 미우라는 스페인의 전설적인 투우 소 사육사의 이름이에요. '이슬레로'라는 차는 강력하고도 난폭했던 한 투우 소의 이름에서 비롯되었어요. '에스파다'라는 차는 투우사가 투우 소를 죽일 때 썼던 검의 이름이지요. 그 밖에 '디아블로', '무르시엘라고', '가야르도', '레벤톤' 등도 투우 소 이름을 가져와 썼어요.

▶ 람보르기니 가야르도

▶ 람보르기니 무르시엘라고

람보르기니의 상징이 황소가 된 것은 페루치오의 탄생 별자리가 황소자리였기 때문이랍니다.

람보르기니 엠블럼 속의 황소는 맹렬하게 당장이라도 돌진할 것 같은 자세를 취하고 있어요. 이 황소는 람보르기니의 굳건하고 강인한 정신을 나타내고 있어요.

▶ 페루치오 람보르기니

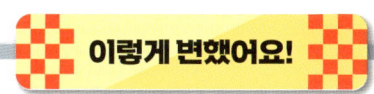

이렇게 변했어요!

1953~1963년

1961~1963년

1963~1972년

1972~1974년

1974~1998년

1998~2024년

현재

세상에! 신기한 차 이야기

슈퍼카를 타는 경찰

　액션 영화에서는 경찰이 고속도로에서 범인 차를 추격하는 장면이 자주 나와요. 이런 긴박한 상황이 영화에만 존재하는 것은 아니에요.
　몇몇 국가에서는 범인을 빠르게 붙잡기 위해서 슈퍼카를 경찰차로 활용하고 있어요.
　이탈리아는 1962년에 처음으로 페라리의 스포츠카를 경찰차로 도입했어요. 람보르기니 우라칸 역시 이탈리아의 경찰차로서 활약하고 있어요.
　미국에서는 포드 머스탱이 정의를 위해 도로를 달리고 있어요. 이렇게 경찰차를 목적으로 만든 포드 머스탱이 수 년 동안 1만 대가 넘어요.
　아랍에미리트의 경찰은 W 모터스의 라이칸 하이퍼스포트를 보유하고 있어요. 이 모델은 전 세계에 7대만 있는 매우 희귀한 자동차예요. 최근 영국은 애스턴 마틴의 one-77을 경찰차로 도입했어요.
　이 밖에도 오스트리아에선 포르쉐 911 카레라, 일본에서는 렉서스 LC 500과 닛산 GT-R 34를 경찰차로 이용하고 있어요.
　슈퍼카 경찰차는 주로 빠른 속력이 필요한 업무를 맡아요. 고속도로를 순찰하고, 속도를 위반하는 범법 차량이나 도주하는 범죄자를 추격하는 역할을 하지요. 또는 혈액과 장기를 재빨리 운반하기 위해 동원되기도 한답니다.

▶ 람보르기니 경찰차

미국

우리가 지금처럼 자동차를 자주 보고 탈 수 있는 이유는
자동차의 대량 생산, 대중화를 이끌었던 미국의 헨리 포드 덕분이에요!
미국의 고급차 브랜드의 양대 산맥 포드의 링컨과 제너럴 모터스의 캐딜락,
쉐보레, 크라이슬러, 지프, 테슬라까지
미국의 재미난 자동차 역사와 이야기 속으로 떠나요!

흥! 내가 더 잘 나가~

포드
Ford

- **설립자** 헨리 포드
- **설립 연도** 1903년
- **슬로건** 더 멀리 나아가라(Go Further)
- **대표 모델** 모델 T, 머스탱, 브롱코

지금은 자동차가 우리 생활에서 큰 역할을 차지하고 있어요. 하지만 20세기 초 자동차는 부자들만 살 수 있는 값비싼 물건이었어요. 평범한 사람들에게 자동차란 그저 꿈같은 이야기였지요. 그러나 포드의 등장으로 많은 사람들이 자동차를 탈 수 있게 되었어요. 바야흐로 마이카(My car) 시대가 시작되었지요.

자동차왕 헨리 포드의 이야기

헨리 포드가 포드 자동차를 설립한 계기에는 특별한 사연이 있어요. 어릴 적 병을 앓던 어머니가 위독해지자 포드는 말을 타고 서둘러 의사를 부르러 갔습니다. 그러나 의사와 함께 어머니 곁에 도착했을 때는 이미 늦었지요. 이를 계기로 헨리는 말보다 빠른 이동 수단을 만들겠다고 다짐했습니다.

　헨리는 고장 난 시계를 분해해 직접 고치는 등 기계를 잘 다뤘어요. 뛰어난 실력을 인정받아 에디슨의 전기 회사에 들어가서 일도 했지요. 그러나 그의 관심과 열정은 온통 자동차에 가 있었어요. 에디슨은 헨리의 꿈을 응원했어요. 결국 헨리는 에디슨 회사에서 나와 '디트로이트 자동차 회사'를 세웠습니다. 투자자와의 의견 충돌로 금방 회사를 나왔지만, 1903년에 들어서 자신의 이름을 내건 '포드 자동차'를 설립했습니다.

내가 자동차왕 헨리 포드요.

▶ 헨리 포드

자동차 시대를 연 모델 T

1908년에 나온 포드의 '모델 T'는 자동차 역사에 있어서 아주 중요한 차입니다. 자동차 대중화를 이끌었던 주역이기 때문이지요.

포드 공장에서는 자동차를 대량 생산하기 위해 컨베이어 벨트를 도입했습니다. 컨베이어 벨트는 나눠져 있던 조립 라인을 하나로 연결해서 자동차를 다음 제작 과정으로 운반하는 역할을 했어요. 기존에는 작업자가 자동차에 맞춰 이동했지만, 더 이상 이동할 필요 없이 같은 자리에서 같은 작업을 반복했고, 작업 속도는 더 빨라졌어요. 게다가 자동차를 만들 때 이전만큼 많은 인력이 필요하지도 않았지요.

자동차 생산 비용이 줄어들자, 당시 2,000달러에 판매되던 자동차와 달리 포드는 825달러에 팔 수 있었어요. 당시로서는 파격적인 가격이었습니다. 심지어 시간이 지날수록 점점 더 저렴해져서 300달러까지 가격이 내려가기도 했어요.

컨베이어 벨트에서 제작된 것은 포드의 대표작 모델 T였습니다. 모델 T는 1927년 단종될 때까지 1,500만 대 이상 판매되었으며, 1999년에는 '세기의 자동차'로 선정될 만큼 높은 평가를 받았어요.

▶ 모델 T 작업 모습

▶ 포드 모델 T

포드 차를 말할 때 미국인의 자존심이라고 불리는 '머스탱'을 빼놓을 수 없습니다. 1964년 뉴욕 세계 박람회에서 최초로 공개된 머스탱은 출시한 해에만 40만 대의 판매 기록을 세웠고, 영화에도 자주 등장했습니다. 시대에 맞춰 진화를 거듭한 머스탱은 여전히 많은 이에게 사랑받는 자동차입니다.

▶ 포드 머스탱(1964)

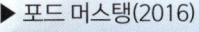
▶ 포드 머스탱(2016)

포드는 미국 픽업 트럭 시장에서 절대 강자예요. 픽업 트럭은 뒤에 짐을 실을 수 있게끔 짐칸을 만든 차를 말해요. 포드의 'F 시리즈' 픽업 트럭은 미국에서 제일 많이 팔린 자동차예요. 2022년까지 누적 생산량이 4,000만 대가 넘습니다. 대단한 기록이에요. 변함없는 인기에 힘입어 F 시리즈는 꾸준히 출시되고 있습니다.

▶ 포드 F-150

대중차의 상징이 된 포드

포드의 엠블럼은 사람들이 알아보기 쉽게 디자인되었습니다. 첫 엠블럼에는 포드가 창립된 지역인 디트로이트의 이름이 표기되기도 했고, 1912년에는 미국의 국조 흰머리수리로 엠블럼을 만들기도 했습니다. 현재는 파란 타원형 배경 위에 근사한 필체로 'Ford'가 적혀 있어요.

이렇게 변했어요!

| 1903~1907년 | 1907~1909년 | 1909~1911년 |

1911~1912년

1912~1917년

1917~1927년

1927~1957년

1957~1961년

1961~1965년

1965년~현재

1976~2003년

2000~2003년

2003~2023년

현재

링컨
Lincoln

 THE LINCOLN MOTOR COMPANY

- **설립자** 헨리 리랜드
- **설립 연도** 1917년
- **슬로건** 궁극의 편안함(Power of Sanctuary)
- **대표 모델** 타운카, 컨티넨탈, 네비게이터, MKZ

고급차의 양대 산맥

헨리 리랜드는 미국에서 럭셔리 자동차 브랜드의 양대 산맥인 캐딜락과 링컨을 세운 사람이에요.

1902년 세워진 캐딜락은 1909년 미국의 자동차 회사 제너럴 모터스에 인수되었어요. 헨리 리랜드는 제너럴 모터스의 설립자 윌리엄 듀랜트로부터 '캐딜락을 제너럴 모터스의 고급차 브랜드로 내세우겠다.'라는 약속을 받아 냈지요. 약속대로 캐딜락은 제너럴 모터스의 고급 자동차를 만드는 브랜드가 되었지만, 헨리 리랜드와 윌리엄 듀랜트는 의견이 번번이 충돌한 탓에 관계가 틀어지게 되었어요. 결국 헨리 리랜드는 캐딜락을 떠나고, 비행기 엔진 회사를 차렸습니다.

1919년 헨리 리랜드는 다시 자동차 엔진을 제작하기 시작했습니다. '링컨 자동차 회사'를 정식으로 설립했지요. 미국 대통령 '에이브러햄 링컨'을 존경하는 마음을 담아 회사명을 지었다고 해요.

▶ 링컨 대통령과 링컨 L 투어링카(1923)

포드를 만난 링컨

1920년, 링컨은 첫 모델 'L 시리즈'를 생산했지만, 사람들의 마음을 사로잡지 못했어요. 시간이 지날수록 회사 경영은 악화되었지요. 한편 포드는 대표 모델인 모델 T로 자동차 시장을 휩쓸었으나, 고급차로 내세울 만한 모델이 없었습니다. 2년 뒤, 포드는 링컨을 인수했고, 이후 링컨은 포드의 고급차 브랜드로서 그 역할을 톡톡히 해냈습니다.

헨리 포드의 아들인 에드셀 포드는 링컨의 대표 모델들을 많이 탄생시켰어요. 링컨에서 가장 잘 알려진 모델은 1922년 에드셀 포드가 아버지를 위해 만든 '링컨 타운카'입니다. 타운카는 미국의 제43대 대통령 조지 부시가 타고 다니기도 했어요. 유행을 타지 않는 스타일로 품격을 나타내며 미국의 최고급 자동차를 대표해요.

▶ 링컨 타운카(1924)

▶ 링컨 타운카(2003)

1930년대에 들어서면서 자동차에 유선형 디자인이 적용되었어요. 유선형이란 앞쪽은 둥글고 뒤로 갈수록 뾰족한 형태로, 공기 저항을 덜 받는 장점이 있어요. '링컨 제퍼'는 이때 등장한 유선형 자동차예요. 제퍼 이후로 링컨은 호화롭고 고급스러운 이미지로 널리 알려졌어요.

▶ 링컨 제퍼

에드셀 포드는 유럽 여행을 하며 얻은 영감으로 '링컨 컨티넨탈'을 제작했어요. 컨티넨탈이란 '유럽풍'이라는 뜻이에요. 에드셀은 컨티넨탈을 자신이 개인적으로 타고 다닐 용도로 만들었어요. 하지만 컨티넨탈이 도로에 떴다 하면 사람들은 그 아름다운 외관에 눈을 떼지 못했어요. 사람들의 높은 관심을 확인한 에드셀은 컨티넨탈을 정식으로 출시합니다. 세계적인 건축가 프랭크 로이드 라이트는 이 차를 '세계에서 가장 아름다운 차'라고 표현하기도 했어요.

▶ 링컨 컨티넨탈

링컨의 엠블럼은 무엇을 나타내나요?

링컨의 별은 1964년부터 사용되었어요. 두 직선 사이에 네 방향을 가리키는 별 모양이 들어가 있어요. 사람들은 링컨의 별이라고 부르곤 하지만, 링컨의 엠블럼이 무엇을 나타내는지는 명확하지 않아요. 별이 아니라 동서남북을 모두 가리키는 나침반이라는 이야기도 있으며, 고급스러움을 강조하기 위한 디자인일 뿐이라는 말도 있어요. 현재 엠블럼은 깔끔한 아름다움을 자랑하고 있답니다.

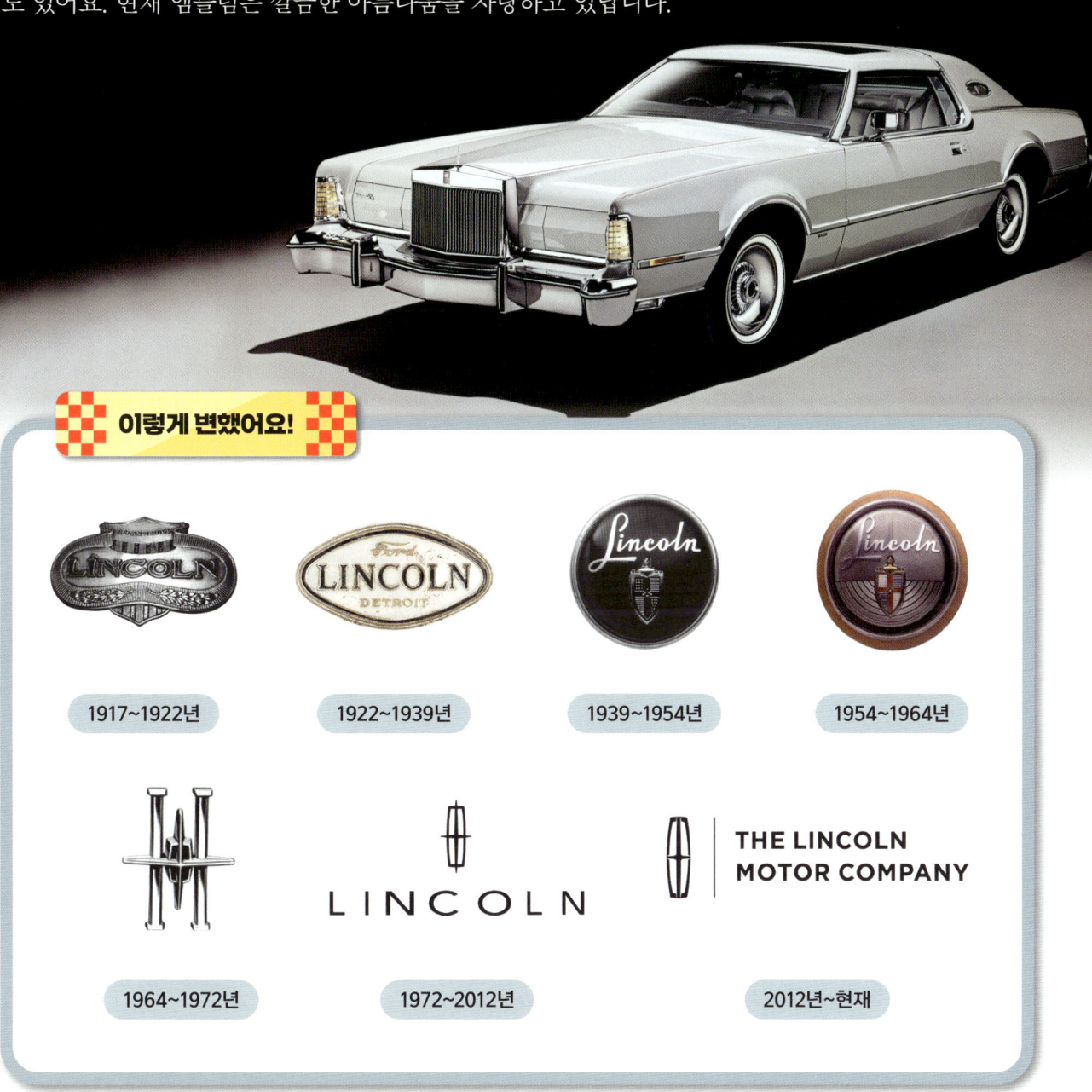

이렇게 변했어요!

| 1917~1922년 | 1922~1939년 | 1939~1954년 | 1954~1964년 |
| 1964~1972년 | 1972~2012년 | 2012년~현재 |

캐딜락
Cadillac

- **설립자** 헨리 리랜드
- **설립 연도** 1902년
- **슬로건** 아이콘이 되다(Be Iconic)
- **대표 모델** 엘도라도, 드빌, 에스컬레이드, XT 시리즈

▲ 캐딜락 프레지덴셜 리무진(2009)
▶ 캐딜락 순종 어차(※출처: 국가문화유산포털)

대통령이 타고 다니는 캐딜락

대통령이 타는 자동차는 위험한 상황에 대비할 수 있도록 아주 튼튼해야 해요. 총알과 수류탄도 막아 내야 하지요. 그리고 나라를 대표하는 대통령이 타는 차인 만큼 품격도 높아야 합니다. 이 모든 조건을 갖춘 캐딜락은 여러 국가에서 대통령 의전 차로 사용되고 있습니다.

　대한 제국 시절, 순종 황제는 캐딜락 리무진을 타고 다녔어요. 차는 현재 국립고궁박물관에 전시되어 있답니다. 우리나라에 처음 들어온 자동차는 고종의 어차인데, 러일 전쟁 때 사라져 남아 있지 않아요. 그래서 순종의 어차인 캐딜락이 우리나라에 남아 있는 자동차 중 가장 오래되었답니다.

캐딜락은 사실 탐험가의 이름이에요

1902년 헨리 리랜드가 캐딜락을 만들었어요. 자금이 부족해 휘청이던 디트로이트 자동차 회사를 인수했을 때였지요. 캐딜락이라는 이름은 디트로이트주를 개척한 프랑스 탐험가 '르쉬외르 앙투안 드라 모스 캐딜락' 장군의 이름에서 따왔습니다.

　대대로 십자군 기사를 배출한 캐딜락가는 명망이 높은 가문이에요. 엠블럼도 캐딜락 가문의 문장에서 유래했습니다. 캐딜락 가문의 문장에서 여러 요소를 가져와 엠블럼에 사용했고, 캐딜락 가문의 용맹함과 개척 정신을 본받고자 했어요.

1939~1942년   1942~1947년   1947~1949년   1949~1952년

1952~1953년   1953~1956년   1956~1960년   1960~1963년

1963~1964년   1964~1965년   1965~1971년   1971~1980년

1980~1985년   1985~1995년   1995~2000년   2000~2009년

2009~2014년   2014~2021년   2021년~현재

품격을 갖춘 캐딜락

1903년 캐딜락은 뉴욕 오토쇼에 '모델 A'를 출품하면서 본격적으로 출발했습니다. 모델 A는 뛰어난 부품 호환성과 우수한 성능으로 상류층에게 큰 인기를 끌었습니다.

1907년에 선보인 '모델 S'는 세계 최초로 자동차 부품 250개를 표준화한 모델이에요. 부품 호환성이 더 좋아졌지요. 영국왕립자동차클럽(RAC)으로부터 자동차 업계의 노벨상이라 불리는 '토마스 드와 트로피'를 처음으로 수상했어요. 이 상은 자동차 업계에 큰 업적을 남기고, 매년 뛰어난 성능과 기술력을 선보인 자동차 회사에게 주는 상이에요.

두 번째 토마스 드와 트로피를 받은 것은 '모델 30'이었습니다. 이 모델은 세계 최초로 전동 모터를 사용한 전기식 시동 장치 '셀프 스타터'를 장착했습니다. 지금은 스마트키(키가 차 근처에 있으면 문이 열려요.)를 사용하거나 자동차에 열쇠를 꽂아 시동을 켜지만, 옛날에는 사람이 자동차 앞쪽으로 가서 크랭크축이라고 하는 부분에 쇠막대기를 연결해 돌려야만 자동차에 시동이 걸렸어요. 너무 번거롭고 힘이 많이 드는 일이었지요. 캐딜락이 발명한 시동 장치 덕분에 사람들은 더욱 편리하게 자동차를 이용할 수 있었어요.

▶ 캐딜락 모델 A

▶ 캐딜락 모델 30

▶ 캐딜락 라살

  1927년에 나온 모델 '라살'은 락카 페인트를 이용해서 500가지 이상의 색깔을 조합할 수 있었어요. 더 개성적인 모습을 보여 주었지요.

  1953년 출시된 '엘도라도'는 전설 속의 황금 도시 엘도라도의 이름에서 따왔어요. 엘도라도의 매력은 꼬리 날개에 있어요. 독특한 이 꼬리 날개는 전투기 날개에서 영감을 얻었으며, 일명 '테일 핀'이라고 불렸어요. 엘도라도가 공개된 후에 자동차 디자인계에는 빅 핀 돌풍이 불어닥쳤어요. 캐딜락은 선루프 상용화, 자동 헤드 램프 활성화 등 자동차 업계에 다양한 업적을 남겼어요. 1909년 제너럴 모터스에 인수되어 고급차 브랜드의 명성을 잇고 있습니다.

▶ 캐딜락 엘도라도

쉐보레
Chevrolet

- **설립자**　루이 셰브럴레이, 윌리엄 듀랜트
- **설립 연도**　1911년
- **슬로건**　함께 운전합시다(Together let's drive)
- **대표 모델**　콜벳, 카마로, 스파크, 익스프레스, 트랙스, 크루즈

두 설립자의 만남

윌리엄 듀랜트는 자동차 회사 제너럴 모터스를 세운 인물입니다. 하지만 무리한 확장으로 많은 빚을 지면서 경영에서 물러납니다. 이후 윌리엄은 미국의 유명한 레이서이자 엔지니어였던 루이 셰브럴레이와 손을 잡고 새로운 자동차 회사를 설립했습니다. 바로 '쉐보레'였습니다. 루이는 자신의 이름을 건 쉐보레에서 엔지니어 겸 디자이너로 일했습니다. 그러나 1914년 두 사람은 의견 대립으로 갈라섰고, 루이는 쉐보레를 떠났습니다. 윌리엄은 제너럴 모터스의 경영권을 다시금 되찾으며, 쉐보레를 합병시켰습니다.

▶ 루이 셰브럴레이

▶ 윌리엄 듀랜트

십자가처럼 보이는 엠블럼

많은 사람이 쉐보레 엠블럼을 보고 십자가라고 생각하지만, 사실은 보타이(넥타이 종류) 모양이랍니다. 듀랜트가 전 세계를 돌아다니던 중 어느 프랑스 호텔의 벽지에서 보타이 무늬를 발견했고, 이것을 모티브로 엠블럼을 제작했다고 해요. 보타이 엠블럼은 1914년 모델부터 적용되었습니다. 1913년에 출시된 쉐보레의 첫 차 '타입 C'는 보타이 엠블럼을 쓰지 않은 유일한 차입니다.

우리나라에 들어온 쉐보레

1920년대 우리나라에서는 외국인이 쉐보레를 들여와 타고 다니기도 했어요. 이때 쉐보레를 '시보레'라고 불렀어요.

긴 시간이 지난 1972년이 되어서야 제너럴 모터스는 GM코리아를 세우면서 정식으로 한국에 들어왔어요. 이때 발표한 차가 '시보레 1700'입니다.

쉐보레는 신진자동차, 새한자동차, 대우자동차 등 우리나라 자동차 회사와 합작하고 인수하고 헤어지는 복잡한 역사가 있답니다.

쉐보레 '스파크'는 대우자동차의 '마티즈'를 계승한 모델이에요.

▶ 시보레 1700

▶ 쉐보레 스파크

▶ 대우 마티즈

이렇게 변했어요!

1911~1913년

1913~1914년

1914~1934년

1934~1940년

1940~1950년

1940~1945년

1950~1964년

1964~1976년

1976~1988년

1988~2002년

1994~2001년

2001~2002년

2002년~현재

2002~2010년

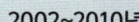
2010~2013년

2013년~현재

▶ 쉐보레 익스프레스

연예인들은 '스타크래프트 밴'이라는 커다란 자동차를 주로 타고 다녀요. 밴은 쉐보레의 '익스프레스'를 개조해 만든 차예요. 밴을 전문적으로 개조하는 회사의 이름이 스타크래프트라서 그렇게 불리고 있지요. 익스프레스는 크기가 크고 튼튼해서, 이동 시간이 긴 연예인들에게 안성맞춤이에요.

쉐보레의 대표적인 스포츠카는 '콜벳'이에요. 1953년 처음 양산이 된 콜벳은 제2차 세계 대전에서 활약한 군함의 이름에서 따왔어요. 이빨 모양의 독특한 크롬바 그릴이 특징이에요. 콜벳은 2019년에 8세대를 공개하며 꾸준히 출시되고 있습니다.

크롬바 그릴
▶ 쉐보레 콜벳

크라이슬러
Chrysler

- **설립자** 월터 크라이슬러
- **설립 연도** 1925년
- **슬로건** 새로운 세대의 가족을 위한 청정 기술(Clean Technology for a New Generation of Families)
- **대표 모델** 임페리얼, 에어플로우, 크라이슬러 300

호텔 로비에 전시한 자동차

설립자 월터 크라이슬러는 증기 기관차 기계공으로 시작해 제너럴 모터스 부사장까지 했던 인물입니다. 이미 높은 자리에 올랐음에도 불구하고, 그에게는 한 가지 뜨거운 소망이 있었습니다. 그것은 바로 자신의 이름을 건 자동차를 만들고 싶다는 것이었지요.

월터는 자신이 만든 자동차 '크라이슬러 6'를 뉴욕 모터쇼에 전시하고자 했지만, 양산차가 아니라는 이유로 거절당합니다. 그런 그가 선택한 방법은 모터쇼로 향하는 길목에 있는 호텔 로비를 빌려 차를 전시하는 것이었지요. 월터는 대중들의 긍정적인 반응을 확인한 이듬해 '크라이슬러 자동차 회사'를 설립합니다.

▶ 크라이슬러 6(1924)

최초의 공기 역학 디자인 자동차

사람이나 자동차는 빠르게 달릴 때 공기 저항을 받아요. 이 저항을 줄일수록 더 빠르게 달릴 수 있지요. 그래서 풍동 실험이 생겼어요. 풍동 실험은 커다란 선풍기 앞에 자동차를 세워 두고 바람의 영향을 얼마나 받는지 실험하는 것이랍니다.

1927년, 크라이슬러의 한 엔지니어가 남쪽으로 날아가는 수만 마리의 거위 떼를 보고 번뜩 아이디어를 떠올렸어요. 자동차도 비행기처럼 매끄럽게 바람을 헤치고 달리면 좋겠다고 생각했지요. 강력한 바람이 흘러나오는 공기 터널을 만들어 그 안에 자동차를 넣어 놓고 실험했어요. 이것이 최초의 자동차 풍동 실험이었습니다.

▶ 크라이슬러 에어플로우

풍동 실험의 결과로 탄생한 차가 바로 '에어플로우'입니다. 에어플로우는 최초로 공기 역학을 고려해 유선형으로 디자인한 양산차였어요. 유선형이란 앞은 둥글고 뒤로 갈수록 뾰족한 형태를 말해요. 바닷속을 헤엄치는 물고기가 유선형이지요. 당시 상자같이 네모난 자동차와 달리 에어플로우의 유선형은 혁신이었어요. 오늘날 거의 모든 자동차는 유선형이에요. 에어플로우는 공기 역학의 중요성을 일깨워 준 자동차로 자동차 역사에 큰 영향을 미쳤습니다.

▶ 크라이슬러 에어플로우 세단(1934)

'임페리얼'은 크라이슬러의 대표 모델이면서, 세계 최초로 도입한 기술들이 많아요.

첫 번째, 디스크 브레이크예요. 1948년에 출시한 '크라운 임페리얼'은 기존의 드럼 브레이크에서 디스크 브레이크로 바꾼 첫 번째 자동차예요. 두 방식 모두 마찰력으로 멈추지만 디스크 브레이크는 드럼 브레이크보다 급정거에도 즉각 멈추기 쉽고, 구조가 간단해 정비가 쉽다는 장점이 있어요.

두 번째, 전기 모터를 이용해 창문을 더 쉽게 여닫는 기술이에요. 이전에는 압력을 이용하는 유압 장치로 창문을 여닫았어요. 세 번째, 파워 스티어링 휠을 최초로 적용했어요. 스티어링 휠은 쉽게 말하면 자동차 핸들이에요. 이전에는 오롯이 사람의 힘으로 조작했는데, 파워 스티어링 휠은 동력의 힘을 빌려 적은 힘으로도 조작할 수 있었지요. 네 번째, 여름철에 필수인 차량용 에어컨도 임페리얼이 최초였습니다.

마지막으로 크루즈 컨트롤을 처음으로 도입했어요. 크루즈 컨트롤은 가속 페달을 계속 밟지 않아도 지정된 속도를 가게끔 유지해 주는 기능이에요. 특히 장거리 운전을 할 때 운전자의 피로를 덜어 줄 수 있어요.

▶ 크라이슬러 임페리얼 콘셉트카

날개를 단 크라이슬러

▶ 실링 왁스

크라이슬러의 엠블럼은 날개가 돋보이는 디자인이에요. 날개가 사용된 것은 1928년부터예요. 그리스 로마 신화 속 전령의 신 헤르메스는 날개가 달린 신발을 신고, 빠르게 하늘을 날아다닐 수 있었어요. 크라이슬러 엠블럼의 날개는 헤르메스 신발의 날개에서 영감을 얻었다고 합니다.

크라이슬러는 실링 왁스 모양의 엠블럼과 오각형 엠블럼, 날개를 단 엠블럼을 바꾸어 가면서 사용했어요. 가장 최근에 만들어진 엠블럼은 은빛 날개를 간략하게 바꿔 현대적인 이미지를 강조했어요.

▶ 크라이슬러 임페리얼 콘셉트카(2006)

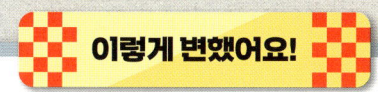 이렇게 변했어요!

1924~1928년

1928~1930년

1930~1936년

1936~1950년

1950~1951년

1951~1955년

1955~1962년

1962~1980년

1980~1990년

1990~1993년

1993~1995년

1995~1998년

1998~2000년

2000~2008년

2008~2009년

2009~2023년

2023년~현재

지프
Jeep

- **설립자** 윌리스 오버랜드 모터스(회사)
- **설립 연도** 1941년
- **슬로건** 어디든 떠나라, 무엇이든 하라(Go Anywhere. Do Anything.)
- **대표 모델** 윌리스 MB, CJ 시리즈, 랭글러, 체로키

'지프'는 사륜구동 자동차의 가장 대표적인 브랜드예요. 사륜구동은 네 바퀴에 동력을 전부 전달하는 방식으로 자동차가 더욱 강한 추진력을 얻을 수 있어요. 거친 길이나 급한 경사길에도 잘 달릴 수 있지요. 주로 군용이나 험로 또는 산악 주행용으로 만들어졌어요. 지프는 전쟁의 아이콘이기도 합니다. 포탄과 총알이 날아드는 전장 속에서 탄생한 지프가 오늘날까지 어떻게 발전해 왔는지 살펴봐요.

전쟁 영웅이 된 지프

제2차 세계 대전이 발발했을 때, 미군은 전장을 보다 잘 누빌 수 있는 자동차를 찾았어요. 미국의 자동차 회사 '윌리스 오버랜드 모터스'가 군용 차량 제작과 생산을 맡게 되지요.

윌리스 오버랜드 모터스가 개발한 '윌리스 MB'는 연합군의 승리에 큰 도움을 주었습니다. 윌리스 MB는 구조가 단순하고 견고했으며, 어떤 날씨에도 강력한 구동력을 자랑했어요. 전쟁 기간에만 무려 65만 대가 넘게 생산되었으며, '지프'라는 이름으로도 널리 알려졌습니다.

지프는 우리나라와도 인연이 깊은 자동차예요. 지프는 1950년에 발발한 6.25 전쟁 때 미군과 함께 들어왔어요. 전쟁이 끝난 뒤 수많은 지프가 버려지고, 그것을 이용해 자동차를 만든 것이 우리나라 최초의 자동차 시발자동차랍니다.(65쪽 참고)

▶ 지프 윌리스 MB

모두를 위한 지프

지프는 전쟁이 끝난 후, 대중을 위한 자동차를 만들었습니다. 윌리스 MB를 다듬어 지프 'CJ-2A'를 선보였습니다. CJ는 'Civilian Jeep'의 약자로 '민간용 지프'를 뜻해요. 트럭이나 트랙터를 갖고 있지 않았던 농부들을 위해 제작된 CJ-2A는 농장에서 다용도로 사용할 수 있었어요. 이어 윌리스는 1950년에 'CJ-3A'를 출시하고 나서야 'Jeep'라는 이름을 정식 상표로 등록했어요. 오프로드의 대명사가 된 지프의 대표 모델로는 1974년에 출시한 '체로키'와 1987년에 출시한 '랭글러'가 있습니다.

▶ 지프 CJ-2A

▶ 지프 체로키

▶ 지프 랭글러

지프는 무슨 뜻일까요?

지프라는 이름의 유래는 명확하게 밝혀지지 않았지만, 두 가지 설이 있어요. 첫 번째는 'general purpose(다용도 또는 다목적)'의 약자 'GP'에서 유래했다는 것이고, 두 번째는 당시 인기 만화였던 〈뽀빠이〉의 등장인물 '유진 더 지프(Eugene the Jeep)'에서 유래했다는 이야기도 있지요. 지프는 이름을 강조하는 엠블럼을 주로 사용했어요.

이렇게 변했어요!

1941~1945년

1945~1963년

1963~1970년

1970년~현재

1970~1987년

1987~1993년

1993년~현재

테슬라
Tesla

- **설립자** 마틴 에버하드, 마크 타페닝
- **설립 연도** 2003년
- **슬로건** 지속 가능한 에너지로의 전 세계적 전환을 가속화한다
  (Accelerating the World's Transition to Sustainable Energy)
- **대표 모델** 로드스터, 모델 S, 모델 X, 모델 3, 모델 Y

전기 하면 니콜라 테슬라

'전기'에 관련한 발명가를 떠올려 보세요. 대부분은 토마스 에디슨을 말할 거예요. 하지만 현대 전기 문명에 있어서는 이 사람을 빼놓을 수 없습니다. 바로 니콜라 테슬라예요.

니콜라 테슬라는 에디슨과 동시대를 살면서 그에게 지지 않을 만큼 위대한 업적을 세웠습니다. 현대 전기 문명의 발판이라고 할 수 있는 교류 발전기와 송전·배전 시스템을 발명했어요. 교류 전기는 '전기가 흐르는 방향이 주기적으로 바뀌는 전기'입니다. 직류 전기보다 전류를 보낼 때 손실이 적고, 더 안전하지요. 또한 무선 조종 보트, 라디오, 형광등, 최초의 X선 사진, 전자 현미경, 수력 발전소 등도 그의 발명품입니다.

2003년, 마틴 에버하드와 마크 타페닝은 전기 자동차 회사를 세우면서 '테슬라'라고 이름을 붙였습니다.

▶ 니콜라 테슬라

전기 자동차의 역사

먼저 전기 자동차에 대해 알아볼까요? 내연 기관 자동차는 가솔린이나 디젤 등의 연료로 엔진에서 동력을 발생시켜 움직이는 차예요. 전기 자동차는 전기 모터에서 만든 동력으로 움직이기 때문에 이산화 탄소, 배기가스 같은 대기 오염 물질을 배출하지 않아요. 또한 내연 기관 자동차에 비해 전기 충전 비용과 유지 비용이 저렴해서 경제적이라고 할 수 있지요.

하지만 전기 자동차가 최근에 발명된 것은 아니에요. 전기 자동차의 첫 발명은 1834년 스코틀랜드의 발명가 로버트 앤더슨의 '원유 전기 마차'였어요. 이후 1837년에는 영국의 화학자 로버트 데이비슨이 전기 기관차를, 1881년에는 프랑스의 발명가 구스타프 트루베가 삼륜 전기 자동차를 만들었습니다. 양산형 전기차는 1894년에 영국의 발명가 토머스 파커가 개발했어요. 내연 기관 자동차보다 냄새도 덜

▶ 토머스 파커의 전기차

하고, 승차감이 좋아서 한때 인기가 많았지요. 그런데 왜 오늘날이 되어서야 주목받고 있는 것일까요?

당시 전기차는 배터리가 너무 무겁고, 충전 시간이 오래 걸려서 그렇게 편리한 자동차는 아니었어요. 가격도 비쌌고요. 시간이 흘러 휘발유 가격이 내려가고, 대량 생산으로 내연 기관 자동차 가격이 내려가자, 사람들은 전기 자동차를 외면했습니다.

최근에 와서야 환경 보호와 에너지 위기에 극복하는 방안으로 전기 자동차가 관심을 받게 된 거예요. 여러 국가에서 충전 시설을 확대하고, 구매 보조금을 지원하며, 세금 혜택도 주는 등 전기 자동차 활성화를 위해 노력하고 있습니다.

환경을 위한 전기 자동차

테슬라를 세우기 전 마틴 에버하드와 마크 타페닝은 자동차 엔지니어였습니다. 전자책 리더기 회사로 창업해 성공하기도 했지요. 그들의 목표는 전기 모터와 배터리로만 움직이는 전기 자동차를 만드는 거였어요. 기후 변화를 겪는 지구에 친환경적인 전기 자동차가 꼭 필요해 보였거든요.

하지만 보유하고 있던 기술력과 자금으로는 그들이 꿈꾸는 전기 자동차를 개발하기는 어려웠어요. 그때 등장한 인물이 일론 머스크였습니다.

▶ 일론 머스크

▶ 테슬라 모델 3

세계 최고의 부자로도 알려져 있는 일론 머스크는 영화 〈아이언맨〉의 실제 모델이자, 페이팔과 스페이스 엑스 사업으로 이미 유명한 경영자였습니다. 그는 테슬라에 투자자로 참여했다가 가능성을 눈여겨보고 경영을 맡았습니다. 일론 머스크는 완벽하고 혁신적인 전기 자동차를 꿈꾸었어요. 일론 머스크의 투자를 받은 테슬라는 전기 자동차 개발에 박차를 가했습니다. 그러나 첫 자동차 공개까지 일이 마냥 순조롭기만 했던 것은 아니에요. 설립자 마틴 에버하드와 일론 머스크는 견해 차이로 갈등을 빚기도 했으며, 그 영향으로 제품 출시는 계속해서 연기되었어요. 마침내 2006년 테슬라의 첫 번째 전기 자동차 '로드스터'가 세상에 공개되었습니다.

▶ 테슬라 로드스터

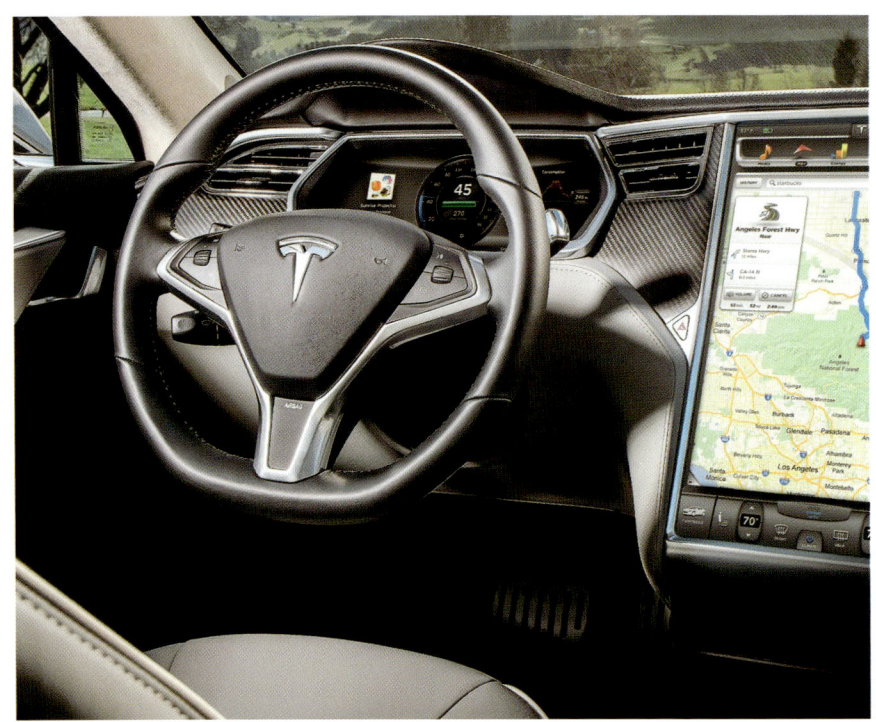

▶ 테슬라 내부
▼ 테슬라 모델 S

고정 관념을 깬 전기 자동차

로드스터가 공개되기 전까지 전기 자동차는 작고, 외관이 별로이며, 느리고, 주행 속도와 거리가 떨어진다는 고정 관념이 있었어요. 하지만 로드스터는 최고 출력 248마력의 엄청난 성능과 스포츠카처럼 멋진 외관을 선보였어요. 사람들은 신선한 충격을 받았지요.

후속 '모델 S'의 등장과 동시에 테슬라의 주식은 3배 넘게 뛰었습니다. 2015년 미국에서만 2만 대 이상 판매되었어요. 모델 S는 테슬라의 대표 모델이 되었지요.

테슬라는 자동차 회사면서 IT 회사 같다는 말이 있어요. 테슬라의 자동차에는 다른 자동차 브랜드와 차별화되는 특별한 점이 있기 때문입니다. 대시 보드(속도나 연료량 등을 표시하는 계기판)에 설치된 커다란 태블릿은 여러 기능을 제어할 수 있으며, 마치 어플리케이션처럼 소프트웨어 업그레이드를 통해 자동차의 성능도 개선할 수 있어요. 이렇게 테슬라는 스마트폰을 닮은 이른바 '스마트카'의 시대를 열었습니다.

엠블럼의 비밀

테슬라의 엠블럼은 알파벳 'T'처럼 생겨서 테슬라(Tesla)의 앞 글자를 따왔다고 생각할 수 있습니다. 하지만 테슬라 엠블럼은 전기 모터의 단면에서 영감을 받았다고 해요. 테슬라는 꾸준히 전기 자동차를 개발해서 지금은 전기 자동차를 대표하는 브랜드가 되었습니다.

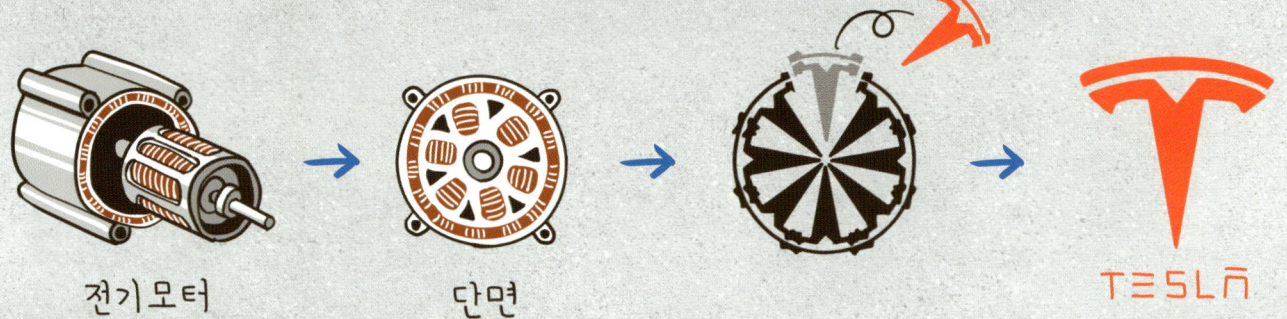

전기 모터 → 단면 → → TESLA

과학 지식이 쏙쏙!

스스로 운전할 수 있는 자율 주행 자동차

사람이 직접 운전하지 않고 스스로 달리는 자동차가 등장하면 어떨 것 같나요? 자는 동안 목적지에 도착할 수 있고 몸이 불편한 사람도 더 편하게 자동차를 탈 수 있을 거예요.

이처럼 운전자가 직접 운전하지 않고 스스로 움직이는 자동차를 '자율 주행 자동차' 또는 사람이 없어도 움직일 수 있다는 의미로 '무인 자동차'라고 부릅니다. 자율 주행 자동차는 스스로 생각하고 판단할 줄 아는 프로그램과 정밀한 센서 등이 필요하기 때문에 자동차 회사뿐만 아니라 구글, 애플 같은 IT 회사들도 자율 주행 기술 개발에 힘쓰고 있어요.

그런데 무려 30여 년 전에 우리나라에서 자율 주행 자동차를 개발했다는 사실을 알고 있나요? 1993년 한민홍 박사는 대전 엑스포에서 무인 자동차를 처음 선보였습니다. 그러나 관련 법 규제와 상용화가 어렵다는 국토교통부의 판단으로 자율 주행 자동차 연구는 무산되고 말았어요.

2022년부터는 청계천, 상암 등에서 자율 주행 버스를 시범 운행하고 있어요. 머지않은 미래에 우리 모두 자율 주행 자동차를 타고 다닐 거예요!

스웨덴

스웨덴의 대표 자동차 브랜드 볼보는 세상에서 가장 튼튼한 자동차를 만들기로 유명합니다. 볼보는 운전자와 보행자의 안전을 지키기 위해 자동차에 최초로 적용한 기술들이 많아요. 강화 유리를 사용하고 3점식 안전벨트를 발명하고, 커튼식 에어백 등 다양한 기술을 적용했답니다. 볼보의 탄생과 발전을 살펴봐요!

볼보는 정말 튼튼하지!

볼보
Volvo

- **설립자**: 아사르 가브리엘손, 구스타프 라르손
- **설립 연도**: 1927년
- **슬로건**: 당신을 위한 디자인(Designed Around You)
- **대표 모델**: PV444, P1800, XC90, S90

가재처럼 튼튼한 차를 만들자

스웨덴의 철강 회사 SFK에서 일하던 두 사람이 있었습니다. 아사르 가브리엘손은 영업 부서에서 일했고, 구스타프 라르손은 엔지니어였지요. 두 사람은 함께 식사하다가 가재 요리를 실수로 떨어뜨렸습니다. 가재는 단단한 껍질 덕에 깨지거나 부러진 곳이 없었지요. 이 모습을 본 두 사람은 '가재처럼 튼튼한 차를 만들자.'라는 생각을 나누며 바로 냅킨 위에 자신들이 상상하는 자동차를 그렸습니다. 이 자동차는 이후 볼보의 최초 모델인 '야곱'의 뼈대가 되었지요.

그들은 야곱의 프로토타입을 제작하고, SFK 경영진들에게 선보여 투자금을 얻었습니다. 예테보리라는 도시 근처에 자동차 공장을 세우고, 이름은 '볼보'라 지었어요. 볼보는 라틴어로 '나는 구른다.'란 뜻입니다. 자동차 회사다우면서도 귀여운 이름이지요? 볼보는 SFK와의 인연을 소중히 여겨 SFK에서 만드는 기계 부품인 베어링을 형상화한 화살표 엠블럼을 제작했어요. 이는 볼보의 상징으로 지금까지 이어지고 있답니다.

베어링

이렇게 변했어요!

1927~1930년

1930~2021년

1930~1959년

1959~1970년

1959~1970년

1965~1970년

VOLVO
1970~2020년

1970~1999년

1999~2013년

2013~2014년

2014~2021년

V O L V O
2020년~현재

2021년~현재

▶ 볼보 야곱

▶ 볼보 PV444

인생을 위해 볼보를 선택하세요

볼보는 창립 때부터 지금까지 '안전'을 가장 우선시했습니다. 스웨덴은 일 년 중 절반이 겨울이며 추위가 극심해요. 도로 사정도 좋지 않았기에 안전이 그 무엇보다 중요했어요. 이런 환경을 고려해 두 설립자는 떨어진 가재를 보면서 튼튼한 자동차를 만들고 싶었을 거예요.

볼보는 제2차 세계 대전이 발발하자 군용 차량을 생산했으며, 그 와중에도 신차 개발을 소홀히 하지 않았습니다. 전쟁 막바지인 1944년 'PV444'를 발표했습니다. PV444는 세계 최초로 강화 유리를 사용한 자동차였어요. 만약 사고가 나더라도 깨진 유리 때문에 운전자가 다치는 위험을 더욱 줄여 주었지요. 심지어 저렴한 가격으로 높은 판매량을 기록하며, 스웨덴의 국민차로 등극했습니다.

스포츠카 하면 빠른 속도를 내며, 스릴 넘치는 자동차라는 이미지가 강해서 볼보와 어울리지 않는 듯하지만, 의외로 볼보는 스포츠카도 개발했습니다. 볼보 최초의 스포츠카 'P1800'은 출시하자마자 큰 인기를 얻었습니다.

▶ 볼보 P1800

볼보가 최초로 발명한 안전 기술

우리가 자동차에 탈 때 가장 먼저 해야 하는 것이 있어요. 바로 안전벨트예요. 빠르게 달리는 자동차가 갑자기 멈추거나 어딘가에 부딪히면 몸이 앞으로 튀어 나가게 되는데, 이때 안전벨트가 몸을 잡아 줍니다.

▶ 볼보의 3점식 안전벨트

옛날 자동차의 안전벨트는 양쪽 허리만 잡아 주는 2점식이었어요. 2점식은 고정하는 곳이 두 군데라는 뜻이에요. 2점식 안전벨트는 탑승자의 상체를 잡아 주지 못하는 데다가, 버클의 위치가 신체 장기에 충격을 줄 수 있다는 문제점이 있었지요. 볼보는 엔지니어 닐스 볼린에게 더 효과적인 안전벨트를 개발해 달라고 부탁했어요. 1959년에 닐스 볼린은 3점식 안전벨트를 발명했어요. 우리가 현재 사용하는 안전벨트이지요. 어깨와 양쪽 허리를 잡아 주어 더 안전하고, 한 손으로 벨트를 맬 수 있어 간편하지요. 단순한 장치였지만, 그의 안전벨트는 수많은 사람의 생명을 살린 위대한 발명품이 되었어요.

볼보는 안전벨트 외에도 안전벨트 미착용 경고 알림, 보행자 에어백, 앞좌석과 뒷좌석 탑승자를 모두 보호할 수 있는 커튼식 에어백, 자동차에 탑승한 어린이의 안전을 위한 여러 장치까지 다양한 안전 기술을 선보였어요. 심지어 "사람의 안전을 위한 기술이니 특허를 낼 수 없다."며 다른 자동차 회사에 기술을 모두 공개했어요. 볼보가 보인 모범 덕분에 다른 회사들도 안전 기술은 특허를 내지 않고 공유했다고 합니다.

▶ 볼보 XC60

일본

5,000만 대면 우리나라 인구수만큼이네?!

세계에서 가장 많이 팔린 차는 무엇일까요?
바로 토요타의 코롤라예요. 놀랍지요? 2021년까지 5,000만 대 이상 팔았답니다.
이처럼 일본 자동차 브랜드들은 전 세계 자동차 시장에서
살아남기 위해 남다른 기술력을 뽐내고 있습니다.
혼다의 어코드는 미국의 베스트셀링 카에 세 번이나 뽑혔지요.
일본의 자동차 브랜드들이 지금까지 어떻게 발전했는지 살펴봅시다!

닛산
Nissan

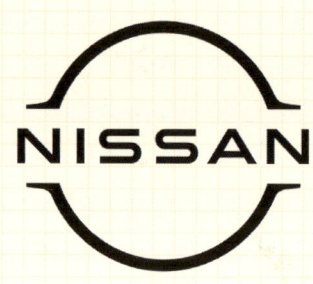

- **설립자** 아이카와 요시스케
- **설립 연도** 1933년
- **슬로건** 짜릿한 혁신(Innovation that excites)
- **대표 모델** 블루버드, 페어레이디 Z, 스카이라인 GT-R, 리프, 알티마, 큐브

닛산은 일본에서 토요타, 혼다와 함께 세 손가락에 꼽히는 자동차 브랜드예요. 특히나 '기술의 닛산'이라는 별칭이 붙을 정도로 우수한 기술력과 디자인으로 인정받고 있지요.

처음부터 닛산이었던 것은 아니에요

닛산이란 이름이 붙기 전에 다양한 이름을 거쳐 왔어요. 닛산은 1914년 도쿄의 '카이신샤 자동차 공업'에서 출발했어요. 카이신샤 자동차 공업을 지은 것은 하시모토 마스지로라는 사람이에요. 그는 일본 거리를 채운 외국 자동차들을 보며 이 많은 자동차 중에 일본에서 만든 자동차는 없다는 사실을 깨달았습니다. 이를 계기로 그는 자동차를 설계하기 시작했습니다.

그리고 일본의 제1호 국산 자동차 '닷도(DAT)'가 탄생했어요. 닷도는 세 명의 투자자 이름에서 따왔습니다. 덴 켄지로에서 'D'를, 아오야마 로쿠로에서 'A'를, 타케우치 메이타로에서 'T'를 가져와 합친 이름이었지요. 그해 개최된 도쿄 다이쇼 박람회에 닷도를 출품해 동메달을 얻었고, 카이신샤 자동차 공업은 일본의 자동차 산업의 선구자가 되었습니다.

그 후 카이신샤 자동차 공업은 '닷도 자동차'가 되었다가, 당시 아이카와 요시스케가 이끄는 도바타그룹에 인수되었어요. 1931년에는 닷도의 후속 모델을 발표했습니다. 닷손(DATSON)이란 이름으로 계획했으나, 'SON'이 일본어로 '손해'와 비슷한 발음이라서 태양을 뜻하는 'SUN'을 쓰게 되었습니다. 세상에 공개된 '닷선(DATSUN)'은 다른 아시아 국가와 중남미에도 수출되었습니다. '닷선'이라는 브랜드명을 쓰다가, 1933년부터는 '닛산자동차'란 이름을 썼습니다.

▶ 닷선(1931)

▶ 닷선 엠블럼(1976)

일본의 떠오르는 태양

닛산(Nissan)은 '일본 산업(Nihon Sangyo)'의 약어입니다. 생각보다 단순한 작명이지요? 초기 닛산의 엠블럼은 닷선의 엠블럼과 흡사하게 빨간색 원을 가로지르는 파란색 직사각형이었습니다. 떠오르는 태양을 상징했다고 해요. 1990년대에 엠블럼이 은빛으로 바뀌며 세련되고 현대적인 느낌을 살렸지요. 최근에는 엠블럼 트렌드에 맞게 더 간결한 형태를 띠고 있어요.

▶ 태양을 표현한 엠블럼

이렇게 변했어요!

1933~1940년

1940~1950년

1950~1959년

1959~1960년

1960~1967년

1967~1970년

1970~1978년

1978~2001년

1978~1988년

1988~1989년

NISSAN

1989~1990년

1990~1992년

1992~1998년

1998~2001년

2001~2012년

2012~2020년

2020년~현재

▶ 닛산 페어레이디 Z 432

닛산의 자부심은 바로 기술력

'블루버드'는 닛산이 영국의 자동차 회사 오스틴과 기술을 제휴해 만들어 냈어요. 1년에 20만 대가 판매될 정도로 뜨거운 인기를 얻었습니다.

닛산은 기세를 몰아 미국 시장의 문을 두드렸습니다. 미국에서 이름을 알리기 위해 스포츠카를 제작하기로 했어요. 닛산의 무기는 기술력에 있어요. 신기술을 과감하게 도입했던 닛산은 일본을 대표하는 스포츠카들을 탄생시켰습니다. '240Z'라고 불리기도 하는 '페어레이디 Z'는 일본 스포츠카의 대명사예요. 유럽의 강력한 스포츠카와 맞먹으면서도 비교적 저렴한 가격으로 주목받았어요.

▶ 닛산 블루버드

'스카이라인 GT-R'은 본래 프린스 자동차가 만들던 스포츠카였어요. 닛산과 프린스 자동차가 합병된 뒤에도 멋진 역사를 이어 갔어요. 일본 투어링카 선수권 대회에서 50승을 기록했으며, 일본 그랑프리에선 서킷 위의 강자 포르쉐와도 팽팽한 경쟁을 펼쳤습니다.

▶ 닛산 스카이라인 GT-R

자동차 회사끼리 동맹을 맺기도 해요

자동차 회사들은 때때로 위기를 겪을 때나, 서로 원하는 것이 맞을 때 손을 잡기도 해요. 기술을 공유하기도 하고, 투자를 통해 휘청이는 회사를 지탱해 주기도 하지요. 닛산은 1990년대 들어서며 경제적인 어려움을 겪었어요. 닛산은 프랑스의 자동차 회사인 르노와 손을 잡아 위기를 극복하고자 했어요. 르노에서 파견한 사장이 경영을 맡으며 닛산은 적자 위기에서 벗어났습니다. 현재는 미쓰비시까지 합류한 르노-닛산-미쓰비시 얼라이언스에 속해 있습니다. 여러 어려움에도 닛산은 '알티마'와 '큐브', 전기 자동차 '리프' 등 기술력이 뛰어난 자동차를 꾸준히 선보이고 있습니다.

▶ 닛산 알티마

▶ 닛산 큐브

토요타
Toyota

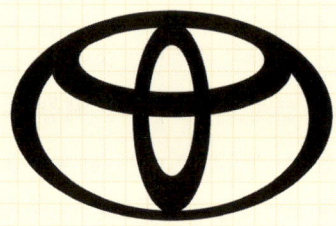

- **설립자** 도요다 기이치로
- **설립 연도** 1937년
- **슬로건** 먼저 가치를 보는 당신
- **대표 모델** 코롤라, 프리우스, 캠리

부자간에 전해진 토요타 정신

토요타의 자동차를 만든 것은 도요다 기이치로지만, 그의 아버지인 도요다 사키치의 이야기를 빼놓을 수 없어요. 토요타의 정신은 그에게서부터 계승되었다고 해도 과언이 아니거든요.

　도요다 사키치는 가난한 목수 집안에서 태어나 발명가라는 꿈을 가지고 있었습니다. 그는 베틀로 힘들게 직물을 짜던 어머니의 모습을 보고 목표를 가졌어요. 보다 편한 직기를 만들어 어머니의 고생을 덜어 주겠다는 생각이었지요. 가업을 이으라는 아버지의 반대에도 불구하고 그는 갖은 노력 끝에 첫 발명품인 '도요다식 목제 인력 직기'를 만들어 냈습니다. 그것만으로 부족했는지 그는 기존 제품에서 불편한 점이 보일 때마다 개선을 거듭했지요. 1894년부터 1914년까지 그가 개발한 직기는 여섯 개나 됩니다. 이런 끊임없는 개선 정신이 오늘날 토요타 자동차의 철학이 되었어요.

　사키치가 만든 일생의 대작은 'G형 자동직기'였어요. 세계에서 가장 우수한 직기로 알려져 있지요. 그는 G형 자동직기로 번 자금으로 1926년에 '도요다 자동직기 제작소'를 세웠습니다. 장남 기이치로 역시 기술자인 아버지의 피를 물려받아 도쿄대에서 기계 공학을 공부했으며, 당시 토요타에서 아버지의 자동직기 개발을 거들고 있었습니다. 사키치는 세상을 떠나기 몇 해 전, 자동차가 산업의 중심으로 떠오를 것을 예상했습니다. 그는 G형 자동직기의 특허권을 팔아 마련한 돈을 장남 기이치로에게 주며 자동차를 개발하라 이르고서는 세상을 떠났습니다.

▶ 도요다 사키치

▶ 도요다 기이치로

▶ 도요다 자동직기

자동차를 만들게 된 토요타

토요타의 미래를 어깨에 진 기이치로는 그저 막막할 뿐이었어요. 그는 도요다 자동직기 제작소 내에 자동차 사업부를 만들었습니다. 수많은 실패와 초조함을 겪던 도요다는 마침내 1934년에 프로토타입 엔진 개발에 성공합니다. 이후 토요타의 첫 프로토타입 승용차 'A1'이 공개되었습니다. 이때 브랜드 이름을 외국인도 부르기 쉽도록 '도요다(Toyoda)'에서 '토요타(Toyota)'로 바꾸었습니다. 'A1'은 개량형 'AA'와 함께 토요타 브랜드의 출발을 알렸습니다.

▶ 토요타 AA

토요타는 누적 판매량 1위의 '코롤라', 최고의 대표 모델 '프리우스' 등을 생산하며 세계에서 손꼽히는 자동차 기업으로 성장합니다. 특히 1966년에 출시한 코롤라는 2021년 세계 최초로 판매량 5,000만 대라는 어마어마한 기록을 세웠어요. 하이브리드 자동차 프리우스는 출시되었을 때 친환경 이미지를 강조했어요. 환경에 관심이 많은 유명 인사들이 프리우스를 즐겨 탔지요.

▶ 토요타 코롤라

마음에서 마음으로

일본은 태평양 전쟁에서 패한 뒤 경제 상황이 어려워졌습니다. 이런 상황에도 토요타는 사람을 중시했습니다. 보통 기업은 어려워지면 비용을 줄이기 위해 제일 먼저 직원의 수를 줄입니다. 많은 이가 일자리를 잃게 되지요. 힘든 상황에도 도요다 기이치로는 "직원을 해고하지 않는 것이 경영자의 도리다."라고 말하며 끝까지 인원 감축을 미뤘습니다. 하지만 회사가 문을 닫을 지경에 이르자, 결국 직원들을 해고해야 했고 이 과정에서 기이치로는 책임을 지고 사장직에서 물러났습니다.

토요타의 사람을 중시하는 태도는 엠블럼에서도 볼 수 있습니다. 현재 엠블럼 안쪽의 작은 두 타원은 '마음'을 의미합니다. 하나는 토요타를 이용하는 고객의 마음, 다른 하나는 고객을 생각하는 토요타의 마음이지요. 두 마음이 조화를 이루어 고객과 토요타가 서로 소통하고 신뢰했으면 하는 바람을 담았습니다. 또한 두 개의 작은 타원은 TOYOTA의 'T'를 나타내기도 하며, 큰 타원은 토요타를 품고 있는 더 큰 세상을 표현하고 있습니다.

이렇게 변했어요!

1935~1949년

1949~1989년

1958~1969년

1969~1978년   1978년~현재   1989년~현재

2005년~현재

2019년~현재

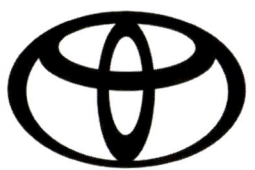

2020년~현재

혼다
Honda

- **설립자** 혼다 소이치로, 후지사와 다케오
- **설립 연도** 1948년
- **슬로건** 꿈의 힘(The Power of Dreams)
- **대표 모델** 시빅, 어코드, CR-V, 파일럿, 오디세이

혼다의 엠블럼은 이니셜 'H'를 형상화했습니다. 이런 간결함이 오히려 혼다의 '기술 제일주의'를 더욱 강조합니다.

혼다를 이룬 혼다이즘

혼다 소이치로는 1948년 후지사와 다케오와 함께 '혼다 기연공업 주식회사'를 설립했습니다. 소이치로는 기술 개발을, 다케오는 경영을 맡았습니다. 혼다의 커다란 두 기둥이 되어 든든하게 회사를 지탱했지요.

▶ 혼다 소이치로

소이치로는 기술에 대해서는 도무지 타협하거나 만족하는 법이 없었습니다. 이런 일도 있었어요. 어느 날 한 직원이 "불량률이 고작 0.01%입니다. 1만 개 중 하나 정도예요."라고 말했을 때였어요. 그 직원은 그 말을 자랑스럽게 했을 테지만, 소이치로는 "우리에게 1만 개 중 하나라고 해도, 그것을 구입한 고객에게는 100% 불량이다!"라며 화를 냈다고 합니다.

또한 그는 기계를 한번 손에 잡으면 시간 가는 줄도 모르고 연구소에 붙어 지냈어요. 이에 소이치로의 아내는 중요한 일정이 있을 때면 그의 안경다리에 쪽지를 묶어 두었다고 해요. 정말 대단한 집념이지 않나요?

▶ 혼다 CBR500R

바퀴 두 개에서 네 개까지

혼다(HONDA)의 'O'가 바퀴를 의미한다고도 합니다. 그만큼 혼다는 바퀴 달린 이동 수단에 있어서 깊은 역사와 높은 기술력을 갖추고 있습니다.

혼다의 모터사이클은 좋은 품질로 여전히 인기가 많습니다. 혼다의 첫 시작은 자동차가 아니라, 바퀴가 두 개인 모터사이클이었습니다. 소이치로가 엄청난 집념을 가지고 모터사이클을 개발한 결과, 혼다는 불과 13년 만에 전 세계 모터사이클 대회를 휩쓸었어요. 특히 혼다의 골드윙은 최고의 엔진 기술이라는 찬사를 받았지요.

혼다가 자동차 제작에 발을 들인 것은 1963년, 다른 자동차 회사들에 비해서 비교적 늦은 시기였습니다. 그 상황에서 다음 해 F1 그랑프리 출전을 하겠다는 그의 말은 무리한 도전 같아 보였습니다. 그러나 혼다는 자동차 제작에 뛰어든 지 3년, 출전한 지 2년이 되던 해에 F1 그랑프리에서 시즌 6위까지 올라갔습니다.

혼다 팀은 계속해서 승승장구했어요. 1987년에는 16전 11승, 1988년에는 16전 15승, 1989년에는 16전 10승이라는 전설적인 역사를 세웠고, 당당히 모터스포츠의 강자로 우뚝 섰습니다.

▶ 혼다 RA271

미국의 베스트셀링 카가 된 혼다

자동차 업계에서 흔치 않게 스포츠카로 첫 스타트를 끊은 혼다는 1966년에 승용차 모델 'N360'을 발표했습니다. 스포츠카 DNA를 물려받은 것처럼 빠른 속도를 자랑했습니다. 출시 20개월 만에 20만 대의 판매량을 기록했어요.

▶ 혼다 N360

1973년에는 '시빅'을 출시했습니다. 미국에도 수출된 이 모델은 굉장한 인기를 끌며 22년간 무려 판매량 1,000만 대를 돌파했습니다. 2021년 출시된 11세대까지 꾸준히 사랑받는 모델입니다.

▶ 혼다 시빅

'어코드'는 그야말로 혼다의 기술력이 집약된, 혼다의 대표 모델이라고 할 수 있어요. 1970년대 미국에서는 '머스키법'으로 자동차의 배기가스 배출량을 엄격하게 규제하고 있었어요. 이에 혼다는 독자적으로 개발한 저공해 엔진 CVCC를 시빅과 어코드에 적용했습니다. 주행성, 내구성, 안전성까지 갖춘 어코드는 미국의 베스트셀링 카로 세 차례나 뽑혔으며, 세계적으로 유명해졌습니다.

▶ 혼다 어코드

혼다가 이룬 모든 것은 소이치로가 아니었다면, 이루어지지 않았을 겁니다. 그는 "어렵다."라는 말을 싫어하며 불가능에 굴하지 않고 도전하는 열정을 가졌기 때문이지요. 혼다는 여전히 일본을 대표하는 자동차 회사 중 하나이며, 혼다의 정신 '혼다이즘'을 이어받아 독창적이고 뛰어난 기술력으로 사람들을 놀라게 만들고 있습니다. 훗날 소이치로는 나서기 싫어하는 성격 탓에 괜히 회사 이름에 자기 이름을 썼다며 후회했지만, 혼다자동차는 그의 이름을 자랑스럽게 여길 거예요.

이렇게 변했어요!

1961~1969년　　1969~1981년　　1981~2000년

2000년~현재　　현재

도움받은 자료

도서

《20세기 최고의 자동차 150 : 어린이를 위한 자동차 대백과》, 크레이그 치탐 지음, 김경덕, 김맑아 옮김, 라이카미, 2019

《매혹의 클래식카》, 세르주 벨뤼 지음, 김교신 옮김, 시공사, 2005

《세상 모든 명품자동차로 열한 나라 이곳저곳 : 벤츠, BMW, 아우디, 제네시스, 테슬라, 부가티, 람보르기니, 재규어, 혼다, 볼보 등 총 39종》, 안명철 지음, 탈것발전소 기획, 주니어골든벨, 2022

《자동차 박물관》, 김혜준 지음, 초록아이, 2021

《자동차 세계사 100》, 임유신 지음, 이케이북, 2023

《자동차의 역사》, 쿠르트 뫼저 지음, 김태희 외 옮김, 앨피, 2021

《자동차 이야기 : 50개의 키워드로 읽는》, 김우성 지음, 미래의창, 2015

《카 북 : 자동차 대백과사전》, 자일스 채프먼 편집 및 지음, 신동헌 외 옮김, 사이언스북스, 2013

사이트

1000 LOGOS   1000logos.net/car-logos

ALLCARINDEX   allcarindex.com

AUTOEVOLUTION   autoevolution.com

CLASSIC & SPORTS CAR   classicandsportscar.com

FCA   fcaheritage.com/en-uk

Listcarbrands   listcarbrands.com

MY AUTO WORLD   myautoworld.com

Wheelsage   autowp.ru

모토야   motoya.co.kr

세계 브랜드 백과(네이버 지식백과)   terms.naver.com/list.naver?cid=43168&categoryId=43168

오토뷰   autoview.co.kr

타고   tago.kr

어린이 자동차 엠블럼 대백과

BMW, 벤츠, 아우디, 람보르기니, 페라리, 재규어, 볼보, 테슬라, 제네시스
세계 최고의 자동차 관찰 도감

1판 1쇄 펴낸 날 2024년 8월 20일
1판 3쇄 펴낸 날 2025년 5월 20일

지은이 신기한생각연구소

펴낸이 박윤태
펴낸곳 보누스
등록 2001년 8월 17일 제313-2002-179호
주소 서울시 마포구 동교로12안길 31 보누스 4층
전화 02-333-3114 **팩스** 02-3143-3254 **이메일** viking@bonusbook.co.kr
블로그 http://blog.naver.com/vikingbook **인스타그램** @viking_kidbooks

ISBN 978-89-6494-709-8 74550

바이킹은 보누스출판사의 어린이책 브랜드입니다.

• 책값은 뒤표지에 있습니다.